JOHANN WOLFGANG GOETHE
ALLE FREUDEN,
DIE UNENDLICHEN

LIEBESGEDICHTE
UND INTERPRETATIONEN
HERAUSGEGEBEN VON
MARCEL REICH-RANICKI
INSEL VERLAG

Frontispiz:
Kreidezeichnung von Johann Heinrich Lips, 1791.

Erste Auflage 1987
© Insel Verlag Frankfurt am Main 1987
Druck: Nomos Verlagsgesellschaft, Baden-Baden
Printed in Germany
ISBN 3-458-19028-7

6 7 8 9 10 11 – 05 04 03 02 01 00

Alle Freuden, die unendlichen

Alles geben die Götter, die unendlichen,
Ihren Lieblingen ganz,
Alle Freuden, die unendlichen,
Alle Schmerzen, die unendlichen, ganz.

Goethe im Brief an die
Gräfin Auguste zu Stolberg

Zum 18. Geburtstag diese
weisen, schönen und
rätselhaften Worte des großen
Meisters, verbunden mit einem
Schatzkästlein voller
Liebesgedichte unserer
Sonnentochter von

Papa und
Delia in besondere Stunden
der Jahre 2005

WILLKOMMEN UND ABSCHIED

Es schlug mein Herz, geschwind zu Pferde!
Es war getan fast eh gedacht.
Der Abend wiegte schon die Erde,
Und an den Bergen hing die Nacht:
Schon stand im Nebelkleid die Eiche,
Ein aufgetürmter Riese, da,
Wo Finsternis aus dem Gesträuche
Mit hundert schwarzen Augen sah.

Der Mond von einem Wolkenhügel
Sah kläglich aus dem Duft hervor,
Die Winde schwangen leise Flügel,
Umsausten schauerlich mein Ohr;
Die Nacht schuf tausend Ungeheuer,
Doch frisch und fröhlich war mein Mut:
In meinen Adern welches Feuer!
In meinem Herzen welche Glut!

Dich sah ich, und die milde Freude
Floß von dem süßen Blick auf mich;
Ganz war mein Herz an deiner Seite
Und jeder Atemzug für dich.
Ein rosenfarbnes Frühlingswetter
Umgab das liebliche Gesicht,
Und Zärtlichkeit für mich – ihr Götter!
Ich hofft es, ich verdient es nicht!

Doch ach, schon mit der Morgensonne
Verengt der Abschied mir das Herz:
In deinen Küssen welche Wonne!
In deinem Auge welcher Schmerz!
Ich ging, du standst und sahst zur Erden
Und sahst mir nach mit nassem Blick:
Und doch, welch Glück, geliebt zu werden!
Und lieben, Götter, welch ein Glück!

Ernst Jandl
Das schicklich verlassene Mädchen

Dichtung ist Distanzierung, und sie ist es um so zwingender, je mehr ein Erlebnis ihr Thema ist; nicht ihr Material, denn dieses ist seit eh und je Sprache, eine eigentümlich zu etwas zusammengesetzte Sprache, das nicht Sprache allein, sondern zugleich Dichtung ist, wie dieses Gedicht, »Willkommen und Abschied«, von Goethe. Er schrieb es, im Frühjahr 1771, neben anderen sogenannten »Sesenheimer Liedern«, aber so, wie es hier zu lesen ist, wurde es unter dem Titel »Willkomm und Abschied« erst 1789 erstmals abgedruckt, und es heißt erst seit 1810 so, wie es jetzt heißt. 1775 ließ Goethe die erste Fassung, noch ohne Titel, erscheinen, und am Vergleich der beiden zeigt sich, daß ein einmal Gedrucktes nicht unabänderlich für ihn feststand.

Der um fünf Jahre ältere Herder wurde der große intellektuelle Erlebnisvermittler für den einundzwanzigjährigen Goethe in Straßburg, wo er sich 1770/71 zum Abschluß seines Studiums der Rechte aufhielt, während das um zweieinhalb Jahre jüngere Mädchen Friederike Brion aus dem elsässischen Dorf Sesenheim den emotionalen Ausgleich bot, nach dem es ihn nicht minder verlangte.

Das Erlebnis als Thema dieses Gedichtes ist ein doppeltes oder nur insofern ein einziges, als man es mit »Natur« bezeichnen könnte, die außermenschliche und die menschliche, was sich auch zusammenfassen ließe als »Goethes Natur«.

Mit Bedacht – wie könnte es anders sein? – stellt der Einundzwanzigjährige seinen abendlich-nächtlichen Ritt (Sesenheim angeblich fünf Reitstunden nordöstlich von Straßburg) in derselben Länge und mit eher größerem Aufwand an Mitteln dar als das »Willkommen« und den »Abschied« zusammen, ohne in jenen ersten sechzehn Zeilen das Ziel des Rittes auch nur anzudeuten, wenngleich Herzklopfen und Tempo des Aufbruchs von der zweiten Hälfte her eine nachträgliche Motivation erfahren.

Hatte Goethe Herder eine Steigerung seiner poetischen Eigenmächtigkeit zu verdanken, woran nicht zu zweifeln ist, dann wird das hier machtvoll durch die ersten beiden Strophen bezeugt, für die der Titel nicht gilt. Rührung, wie sie das Lesen der zweiten Hälfte des Gedichtes verursachen mag, liegt außerhalb von Poesie, wenngleich nicht außerhalb ihrer möglichen Wirkung. Goethe selbst bereitet ihr durch den Jubel der letzten zwei Zeilen entschlossen ein Ende.

Dichtung ist Distanzierung vom Thema, je mehr es sich um Erlebtes handelt; vom selbst bisher Geschriebenen; schließlich von der jeweils herrschenden literarischen Konvention, hier dem Rokoko. Distanzierung ermöglicht das Schreiben überhaupt, dazu dann das Einschätzen der Wirkung im Hinblick zugleich auf Bewährtes und noch nicht Erprobtes. Die Absicht, gegenüber dem Leser, ist das Erreichen einer Art Anziehungskraft, die ihn festhält, wie es diesem Gedicht schon seit zweihundert Jahren gelingt. Diese Wirkung wurde nicht durch Götter!-Rufe erzielt, überhaupt nicht durch eine der Rufzeilen, immerhin neun, sondern durch eine Handvoll einmaliger, unnachahmlicher Wortkombinationen, ohne Furcht, es könnte durch Überspannung etwas zerreißen, wie die schroffe Figur des »aufgetürmten Riesen« beweist.

Beim Vierzigjährigen dann, der ans Werk des sprühenden Jünglings nochmals die Hand legt, tritt eine glanzlose, unauffällige zweite Zeile an die Stelle der inzwischen unerträglich juvenil gewordenen »Und fort, wild wie ein Held zur Schlacht«; eine agrammatische Kühnheit, »Doch *tausendfacher* war mein Mut«, wird frisch und fröhlich getilgt; und vor allem gilt es, das männliche Auge zu trocknen und mit Tränen schicklich das verlassene Mädchen zu zieren.

MIT EINEM GEMALTEN BAND

Kleine Blumen, kleine Blätter
Streuen mir mit leichter Hand
Gute junge Frühlings-Götter
Tändelnd auf ein luftig Band.

Zephir, nimms auf deine Flügel,
Schlings um meiner Liebsten Kleid!
Und so tritt sie vor den Spiegel
All in ihrer Munterkeit.

Sieht mit Rosen sich umgeben,
Selbst wie eine Rose jung.
Einen Blick, geliebtes Leben!
Und ich bin belohnt genung.

Fühle, was dies Herz empfindet,
Reiche frei mir deine Hand,
Und das Band, das uns verbindet,
Sei kein schwaches Rosenband!

Wolfgang Leppmann
Ferner Ruf

Das Thema ist zeitlos, es ist die Liebe. Form und Bildersprache jedoch machen uns stutzig: so redet heute keiner mehr. Der Zephir – das wußte »man« früher, heute erfragt man es oder schlägt es nach – ist ein sanfter Wind aus Westen. Gemalte Bänder wiederum erfüllten im späteren achtzehnten Jahrhundert die Signalfunktion, die jetzt einem Blumenstrauß oder einer Schachtel Pralinen innewohnt. Man kaufte sie oder stellte sie auch selber zusammen und überreichte sie der Geliebten mit einem Kompliment oder ein paar Zeilen.

Das Gedicht ist ein Musterbeispiel anakreontischer Lyrik, einer in Goethes Jugend grassierenden Mode, die nach dem Vorbild des altgriechischen Dichters Anakreon, meist unter Aufbietung von idyllisch-pastoraler Szenerie inklusive der »zuständigen« antiken Gottheiten, die Freuden der Liebe und des Weines besang. Einige nur noch in Literaturgeschichten überlebende Dichter, Männer wie Uz und Götz und der gleichfalls kaum mehr gelesene Gleim, waren ihre wichtigsten Vertreter in Deutschland. Auch Goethe übte sich eine Zeitlang in dieser Mode, so wie er später das Märchen und das Sonett und die Novelle erprobte. Er versuchte sich darin im Vorübergehen, schuf ein paar kleine Meisterwerke und wandte sich bald wieder anderem zu, was ihm näherlag: dem Drama, dem Roman, in reifen Jahren vor allem den Naturwissenschaften.

Sind diese Zeilen nun ein kleines Meisterwerk? Sie sind es, zumindest als Sinnbild jener zweiten und eigentlichen Ge-

16

burt, die Dichter und Künstler erleben: des Augenblicks, in dem sie die Eierschale der Tradition und Konvention durchbrechen und zum ersten Mal als eigenständige Persönlichkeiten hervortreten. So auch hier. Die ersten drei Strophen bleiben der Tagesmode verhaftet, dem anakreontischen Rokoko. In der vierten und letzten aber streift Goethe die Konvention ab. Er verbirgt sich nicht mehr hinter Amoretten oder »guten jungen Frühlings-Göttern«, sondern spricht in eigener Regie und erwartet ein gleiches von seinem Mädchen (es war die vielgeprüfte Friederike Brion). Auch sie soll nun selber »fühlen« und ihm »frei«, also aus eigenem Entschluß, die Hand reichen in einer Geste, die, im Gegensatz zum gerade modischen gemalten Band, seit Urzeiten als Ausdruck und Unterpfand der Verbundenheit zweier Menschen gilt.

Die hier wiedergegebene, endgültige Fassung, in der die Dialektik von Tradition und Spontaneität beziehungsweise von Gesellschaft und Individuum weit stärker betont wird als in den früheren, ist den »Schriften« von 1789 entnommen. Wie der Zufall – Zufall? – es wollte, stammt sie also aus dem Jahr, in dem die Französische Revolution ausbrach. Nun ist Goethe gewiß nicht auf die Nachricht vom Bastille-Sturm hin zu seinem Schreibtisch geeilt, um an dieser oder jener Zeile etwas zu feilen. Und doch lagen die Regungen, die in der Schlußstrophe angesprochen werden, damals in der Luft.

Wirken die letzten Zeilen nicht wie Metallspäne, die sich nach einem unsichtbaren, aber um so stärkeren Magneten ausrichten? Hört man hinter ihrer gefällig dahinplätschernden Melodie nicht auch den fernen Ruf nach *Liberté, Egalité, Fraternité*? Nach Freiheit vom gesellschaftlichen Zwang, Gleichheit von Mann und Frau, Brüderlichkeit auch in der Liebe? Gehört das Seismographische, das Vorausfühlen und Registrieren ferner Erschütterungen, nicht zum Wesen großer Dichtung? Oder überfrachten wir nach Philologenart und -unart mit diesen Gedankengängen ein Gebilde, das viel zu zart und luftig ist, um ein solches Gewicht zu tragen?

Gleichviel: das kleine, allem Anschein nach nur belangloshübsche Gedicht hat es in sich. Wie vieles von Goethe läßt es einen so bald nicht wieder los.

MAILIED

Wie herrlich leuchtet
Mir die Natur!
Wie glänzt die Sonne!
Wie lacht die Flur!

Es dringen Blüten
Aus jedem Zweig
Und tausend Stimmen
Aus dem Gesträuch,

Und Freud und Wonne
Aus jeder Brust.
O Erd, o Sonne!
O Glück, o Lust!

O Lieb, o Liebe!
So golden schön,
Wie Morgenwolken
Auf jenen Höhn!

Du segnest herrlich
Das frische Feld,
Im Blütendampfe
Die volle Welt.

O Mädchen, Mädchen,
Wie lieb ich dich!

Wie blickt dein Auge!
Wie liebst du mich!

So liebt die Lerche
Gesang und Luft,
Und Morgenblumen
Den Himmelsduft,

Wie ich dich liebe
Mit warmem Blut,
Die du mir Jugend
Und Freud und Mut

Zu neuen Liedern
Und Tänzen gibst.
Sei ewig glücklich,
Wie du mich liebst!

Hilde Spiel
Das Kosmische der Liebe

Als ich's zum ersten Mal hörte, war ich sehr jung, sieben Jahre jünger als der, welcher es mit zweiundzwanzig schrieb. Ein Schauspieler sprach, ja sang das »Mailied« so beschwingt, so selig entrückt, wie es seiner im Grunde melancholischen Wesensart nur möglich war. Wer sollte von diesem Gedicht auch nicht mitgerissen werden, zur Freude am Leben, an der Liebe, an der Natur, zur Hoffnung auf ewiges Glück. Es ist für mich gewiß, daß damals eine keineswegs schattenlose, eine grüblerische Jugend nicht nur für einen einzigen magischen Augenblick erleuchtet wurde, sondern eine andere Wendung nahm. Solche irdische Heiterkeit, solche Zuversicht konnte man empfinden, solchen Mut schöpfen allein aus dem eigenen Gefühl und einem schönen Frühlingstag. Das wußte ich nun, das wärmte mich noch wochen-, ja monatelang.

Das Gedicht auf sich einwirken zu lassen, so wie er es, vermutlich an einem Maimorgen des Jahres 1771, hingeschrieben hat, ohne nachzudenken, ohne Silben zu zählen, eine atemlose Folge von Ausrufen, aus einem Taumel und aus einem Guß – das ist eins. Ein anderes ist, seine Form und seinen Inhalt zu prüfen oder gar die Umstände genauer zu betrachten, unter denen es entstanden war. Da entdeckt man denn oder liest irgendwo, daß es sich hier um den »Höhepunkt der Sesenheimer Lyrik« handelt, um Kurzverse mit zwei Haupthebungen, wobei je zwei Verse klanglich zusammentreten, als wären es Halbverse von Langzeilen. In der sechsten Strophe erst wird deutlich, daß Goethes panvitalische Hochstimmung durch ein Mädchen hervorgerufen worden ist, daß für ihn Natur und Seele, Landschaft und Mensch zur Einheit werden, das »Kosmische der Liebe« ihn erfüllt und entzückt.

Doch jetzt umdüstert sich unser Himmel, denn wir fragen nach der Wirklichkeit, die solcher Ekstase zugrunde lag. Es erscheint vor uns das Bild der munteren Pastorentochter »Mamsell Rikchen«, mit der einer von zwei Straßburger Studenten eine Tändelei begonnen hat. Vom Oktober 1770 bis zum August des folgenden Jahres währt die holde Verblendung, und Friederike Brion wird ein Leben lang ernst nehmen, was dem jungen Herrn Goethe aus Frankfurt als eine heftige, aber keineswegs dauernde Neigung erschienen ist. Sie ist es ja, die in ihrer Liebe »ewig glücklich« zu sein hat, während ihm durch sie vor allem zu »neuen Liedern und Tänzen« verholfen wird.

In »Dichtung und Wahrheit« meinte dazu rund vier Jahrzehnte später der Geheimrat: »Es war nicht das erste und das letzte Mal, daß ich mich in Familien, in geselligen Kreisen befand, gerade im Augenblick ihrer höchsten Blüte, und wenn ich mir schmeicheln darf, etwas zum Glanz solcher Epochen beigetragen zu haben, so muß ich mir dagegen vorwerfen, daß solche Zeiten uns eben deshalb schneller vorübergeeilt und früher verschwunden.«

Der Jusstudent spielt und scherzt, vermummt sich, spaziert frühmorgens mit Friederike durchs Land, kost mit ihr in Lauben, liest ihr und ihrer Schwester Olivie, die sich bei einem Besuch in Straßburg in »deutscher Tracht« ein wenig hausbacken ausnehmen, einen Abend lang den gesamten »Hamlet« in Wielands Übersetzung vor, fährt danach seltener nach Sesenheim und nimmt schließlich, kurz nach der

Promotion am 6. August, auf einer letzten Visite Abschied von Friederike: »Es waren peinliche Tage, deren Erinnerung mir nicht geblieben ist. Als ich ihr die Hand noch vom Pferde reichte, standen ihr die Tränen in den Augen, und mir war sehr übel zu Mute.« Damit fort, in den Weltruhm. Als die ersten Bände von »Dichtung und Wahrheit« erschienen, lebte das Mädchen noch als einsame alte Jungfer in einem Dorf in Baden.

Von Goethe hat sie nie wieder gesprochen. Ach, könnte ich all das und mehr, was ich später darüber erfuhr, in mir auslöschen und dafür noch einmal den Rausch erleben, in den ich beim ersten Anhören des »Mailieds« geraten war.

HEIDENRÖSLEIN

Sah ein Knab ein Röslein stehn,
Röslein auf der Heiden,
War so jung und morgenschön,
Lief er schnell, es nah zu sehn,
Sahs mit vielen Freuden.
Röslein, Röslein, Röslein rot,
Röslein auf der Heiden.

Knabe sprach: Ich breche dich,
Röslein auf der Heiden!
Röslein sprach: Ich steche dich,
Daß du ewig denkst an mich,
Und ich wills nicht leiden.
Röslein, Röslein, Röslein rot,
Röslein auf der Heiden.

Und der wilde Knabe brach
's Röslein auf der Heiden;
Röslein wehrte sich und stach,
Half ihm doch kein Weh und Ach,
Mußt es eben leiden.
Röslein, Röslein, Röslein rot,
Röslein auf der Heiden.

Peter von Matt
Diese unheimlichen Diminutive

Was ist das für ein zweifelhaftes und zwielichtiges Gedicht!
Mögen es die Sängerknaben und Domspatzen, die gemisch-
ten und ungemischten Chöre noch so glockenrein in alle
Säle flöten, ein zweifelhaftes und zwielichtiges Gedicht ist
es gleichwohl. Schon mit der Vaterschaft steht es nicht zum
besten. Ganz sicher ist nur, daß Goethe es 1789 in seine
»Schriften« aufnahm. Ob er es fast zwanzig Jahre früher im
Elsaß gefunden oder bearbeitet oder geschaffen hat, ist un-
klar.
Zweideutiger noch ist der Inhalt. Man zählt es zu den Lie-
besgedichten. Aber von Liebe ist darin nie die Rede. Das
Wort kommt nicht vor. Es scheint für die zwei jungen Leute
gar nicht zu existieren. Was erlebt und erlitten wird, ist Ge-
walt – und nicht einmal ein Mitleid hinterher. »Mußt es eben
leiden«, lautet der böse Schluß, über den dann die vielen Di-
minutive gestreut werden, als sollte man's nicht merken. Ein
Zynismus ist das, so hart wie Mephistos Satz über Gret-
chen: »Sie ist die erste nicht.«
Man soll nicht sagen, das sei eben volksliedhaft. Der einzige
Text, der als Anregung in Frage kommt, weil er den Refrain
wörtlich schon enthält, verbindet gerade mit dieser Zeile
kraftvoll und eindeutig das Wort, das die Strophen Goethes
sich verbieten:

> Liebstu mich, so lieb ich dich,
> Röslein auf der Heyden.

Das stammt aus dem 16. Jahrhundert, und schön benennt es die Gleichheit der Liebenden in ihrer Liebe: Keins ist dem andern untertan; keines zwingt, und keines wird gezwungen.

Von solcher erotischer Kultur weiß das »Heidenröslein« nichts. Es ist ein schauerlich barbarischer Gesang. Schönheit und Schändung sind darin gepaart, so selbstverständlich, als handelte es sich um ein Weltgesetz. Das steht außerhalb aller Humanität, mag es sich noch so sehr als ein Stück Natur erklären. Humanität, Menschlichkeit in dem enormen Sinn, den dieser Dichter diesem Wort anderswo gegeben hat, ist also mit der Natur allein nicht schon gewonnen.

Warum aber spricht man seit zweihundert Jahren mit Rührung und Entzücken von dem Gedicht? Warum läßt man so etwas die kleinen Mädchen singen? Weil man auf die ersten zwei Strophen hereinfällt. Die eine redet von lauter Freude, die andere von Schmerz und Widerstand, da muß doch wohl in der dritten die Synthesis stecken und aller Gegensatz sich aufheben in Erfüllung. So eingefleischt ist uns dieser Dreischritt, daß wir ihn unterstellen, wo er doch gerade fehlt, aufs deutlichste fehlt, wo Versöhnung eben nicht geschieht, sondern der Gegensatz sich splitternd und zerstörend verschärft.

Wäre das nicht ganz einfach an den Reimwörtern abzulesen? Die dritte Strophe kennt keine andern als die der zweiten: leiden, brechen, stechen. Nur Weh und Ach kommt noch dazu.

GANYMED

Wie im Morgenglanze
Du rings mich anglühst,
Frühling, Geliebter!
Mit tausendfacher Liebeswonne
Sich an mein Herz drängt
Deiner ewigen Wärme
Heilig Gefühl,
Unendliche Schöne!

Daß ich dich fassen möcht
In diesen Arm!

Ach, an deinem Busen
Lieg ich, schmachte,
Und deine Blumen, dein Gras
Drängen sich an mein Herz.
Du kühlst den brennenden
Durst meines Busens,
Lieblicher Morgenwind!

Ruft drein die Nachtigall
Liebend nach mir aus dem Nebeltal.

Ich komm, ich komme!
Wohin? Ach, wohin?
Hinauf! Hinauf strebts.
Es schweben die Wolken

Abwärts, die Wolken
Neigen sich der sehnenden Liebe.
Mir! Mir!
In euerm Schoße
Aufwärts!
Umfangend umfangen!
Aufwärts an deinen Busen,
Alliebender Vater!

Benno von Wiese
Umfangend umfangen

Der Titel unseres Gedichtes »Ganymed« nennt eine Figur
des griechischen Mythos. Der Königssohn Ganymed war
ein Jüngling von ungewöhnlicher Schönheit, den Jupiter
durch einen Adler entführen ließ. Im Himmel wurde Gany-
med, anstatt der Hebe, Jupiters und der anderen Götter
Mundschenk.

Jedoch ist im Gedicht des jungen Goethe, um 1774 verfaßt,
von der Titelfigur und ihren Schicksalen keine Rede mehr.
Das Gemeinsame zwischen dem glühenden Bekenntnisge-
dicht Goethes und dem Mythos von Ganymed ist nur durch
ein einziges Leitmotiv gegeben: den Übergang einer
menschlichen Person aus der irdischen in die überirdische
Sphäre.

Das ist in der Tat die zentrale Thematik des »Ganymed«.
Goethe benutzt die mythische Fiktion zu einer ganz direk-
ten Selbstdarstellung, die bereits in den ersten Zeilen mit ei-
ner intensiven Steigerung einsetzt. Der Frühling, nicht als
Zustand, sondern als eigene Person, wird hier hymnisch ge-
feiert. Der Frühling drängt sich »mit tausendfacher Liebes-
wonne« an das Herz des jungen Goethe, er ist die anglü-
hende Macht, ein Übermaß an Seligkeit, das den Menschen
zu zerstören droht. Wie soll der »Arm« des Menschen sol-
che Überfülle fassen können! Der Gegensatz scheint un-
überbrückbar.

Die zweite Strophe mildert das Pathos der ersten durch die
Beschreibung des empfindsamen Glückes, das der Mensch

hier erfahren darf. Es empfiehlt sich, dafür Werthers Brief vom 10. Mai nachzulesen, der in ganz ähnlicher Weise die Nähe nicht nur zum Großen, sondern auch zum Kleinen in der Natur als Rausch des Herzens beschreibt.

Da aber die ganze Natur an diesem Austausch beteiligt ist und nicht etwa nur ein einzelner auf einzelnes stößt, folgt dem »schmachtenden« Glück eine fast ans Absurde grenzende knappe Zeile »Ruft drein die Nachtigall / Liebend nach mir aus dem Nebeltal«. Die Nachtigall ist hier die Liebende, die Goethe-Ganymed zu sich ruft. Ihr Dreinrufen kommt nicht aus dem Morgenglanz des andrängenden Frühlings, es kommt aus der relativen Ferne des »Nebeltals«. Auch ihr Liebesruf verlangt die Antwort des Herzens. Eine mögliche Antwort auf das Übermächtige, von allen Seiten liebend Anstürmende wäre eigentlich nur das passive Geschehenlassen. Genau diesen von den Romantikern bevorzugten Weg schlägt Goethe nicht ein. Seine Antwort, sogar doppelt gegeben, ist ein entschiedenes »Ich komme, ich komme«. Das von allen Seiten überflutete Herz gibt das souveräne Recht auf seine eigene Person nicht preis. Zwar folgt es nicht dem Ruf der Nachtigall. Aber wohin soll er sich wenden?

Die Antwort liegt in einem doppelten Hinauf und verwandelt das Gedicht zum Schluß in Apotheose, in den Übergang vom Irdischen zum Überirdischen. Hier wird der ungeheure sprengende Anfang noch einmal überboten. Was zunächst noch ganz wirklich war, wandelt sich nunmehr in Legende. Die Wolken werden zur vermittelnden Instanz zwischen Erde und Himmel, auch sie noch ein Inbegriff des alles übergreifenden Eros. Was sich der sehnenden Liebe Goethes entgegenneigt, trägt ihn sogleich empor nach aufwärts zum alliebenden Vater.

Die äußerste Verdichtung findet Goethe in der genialen Formel »umfangend umfangen«. Sie spricht den mythischen Gehalt des ganzen Gedichtes aus. Ich und All bleiben nicht getrennt, sondern der umfangende Dichter erlebt sich selbst als umfangen. So antwortet seine spontane schaffende Energie auf die ihn anglühende Welt, indem sich das Einzelwesen aufschwingt bis zur äußersten Hingabe an das hier »alliebender Vater« genannte Göttliche.

Die ganze Hymne ist nicht nur ein Naturgedicht, sondern zugleich ein Liebesgedicht. Der allgewaltig liebende Frühling, die liebende Nachtigall, der liebende Vater, selbst die Wolken, die sich der sehnenden Liebe des Menschen zuneigen, das alles schwingt nahezu in jeder Zeile mit. Allerdings ist es ein Liebesgedicht ohne menschlichen Partner. Die Liebe ist das Außerordentliche, das ans Unheimliche grenzt. Fast wird sie zu einer Droge, die ekstatische Zustände hervorruft. Das Absolute widerspricht jeder Desillusionierung. Goethe fragt nicht mehr, wer solcher Inbrunst des Sagens noch Gefolgschaft leistet oder nicht. Seine freien, zugleich verknappenden Rhythmen folgen ihrem eigenen Fluß. Wer sich dem nicht entzieht, vermag es nur zu bewundern.

RASTLOSE LIEBE

Dem Schnee, dem Regen,
Dem Wind entgegen,
Im Dampf der Klüfte,
Durch Nebeldüfte,
Immer zu! Immer zu!
Ohne Rast und Ruh!

Lieber durch Leiden
Möcht ich mich schlagen,
Als so viel Freuden
Des Lebens ertragen.
Alle das Neigen
Von Herzen zu Herzen,
Ach, wie so eigen
Schaffet das Schmerzen!

Wie – soll ich fliehen?
Wälderwärts ziehen?
Alles vergebens!
Krone des Lebens,
Glück ohne Ruh,
Liebe, bist du!

Werner Keller
Die Extreme berühren sich

Das Szenarium: Mit Leidenschaft geht jemand gegen die Unbilden des Wetters und die Widrigkeiten der Berglandschaft an, doch erst die nachträglich hinzugefügte Überschrift begründet, warum er sich den Elementen aussetzt, ohne daß seine Glut abkühlt. Der Anfang der zweiten Strophe muß verwirren, da die Leichtigkeit der Leiden gegen die Last der Freuden ausgespielt wird. Das Ich, das zunächst völlig in seinen Ausrufen aufgeht, gewahrt den Schmerz in jeder Herzensneigung und entdeckt für sich, was schon Platon beschrieb: daß Glück und Leid, in ihrer Tiefe empfunden, derselben Wurzel entstammen. Dennoch verwirft die Schlußstrophe die Flucht »wälderwärts«. »Alles vergebens!« – die Ellipse gesteht, daß sich das Ich seiner Liebe nicht entschlagen kann noch will und das Sollen geringe Mühe hat, das Wollen zu bekehren.

Die Liebe in ihrer Ruhelosigkeit wird sogar als »Krone des Lebens« gepriesen, die nach Jakobus 1,12 denen vorbehalten ist, die Gott lieben und, der Offenbarung 2,10 gemäß, ihm die Treue halten. Der junge Goethe war bibelfest. Seine Übertragung einer religiösen Verheißung auf den Eros zeigt, daß die von ihm mitvollzogene Säkularisierung das Sakrale zwar verweltlicht, zugleich aber das Profane heiligt: In der erotischen Liebe gipfelt die Lebensliebe, die das Dasein – »wie es auch sei« – gutheißt.

Läge nicht eine Abschrift von Herders Hand vor – »Ilmenau, 6. Mai 1776« –, wäre man versucht, die expressiven Stro-

phen, die sich mit den kurz zuvor entstandenen Versen
»Warum gabst du uns die tiefen Blicke« nicht messen dür-
fen, stilistisch dem Frankfurter Goethe zuzuschreiben.
Wird dort die irdische Unerfüllbarkeit einer ganz individu-
ellen Beziehung zu ergründen gesucht – die »Rastlose
Liebe« spart die Geliebte aus und hält den intimen Ton fern,
in dem Gretchen im »Urfaust« und Klärchen im »Egmont«
ihre Erfahrung preisgeben, wonach Liebe und Unruhe,
Freude und Leid eins sind.

Die Ode stellt leidenschaftlich die Vermischung durchfühl-
ter Extreme dar – die Last der Liebe und die Lust am Leiden
– und formuliert damit ein Erlebnis, zu dem mancher Leser
eine Fußnote beitragen könnte. Als hätte der junge Autor
eben Lessings »Laokoon« gelesen, wonach die große Emo-
tion nicht zu beschreiben, sondern nur in ihrer Wirkung zu
zeigen ist, wird der Liebende in seiner Getriebenheit begrif-
fen, die zum anderen hin und zugleich von ihm fort drängt.
Doch während sich die Abhängigkeit von den Gezeiten des
Gefühls anfangs in puren Interjektionen entlädt, diszipli-
niert der kalkulierende Kunstverstand bereits in der zweiten
Strophe den eruptiven Aktionismus und setzt die Pindar ab-
gelauschte dreistufige Gliederung durch: Die »Synthese«
der Schlußstrophe gleicht die spannungsvollen Extreme aus,
die die polare Ganzheit des Lebens bedingen, die Goethes
Wirklichkeitssinn nie unterschlägt.

Der junge Goethe hat wie niemand vor ihm im deutschen
Sprachraum die Liebe seliggesprochen, die Sinne gegen
Normen und Konventionen in ihre Rechte eingesetzt und
den verklärenden Eros in der zustimmenden Natur wieder-
gefunden, die Verwirrungen zu entziffern hilft und eine
unbegrenzte Freiheit verspricht. Wie wenige vor ihm ent-
deckte er aber auch die Gefährdung, den Preis der unbe-

dingten Leidenschaft, die »so eigen« Schmerzen schafft. Das Gedicht, in dem der Autor seine Schmerzensfreuden bejaht, doch seine Zerrissenheit notdürftig verbirgt, indem er sie als geläufige Erfahrung ausgibt, ist ein frühes Zeugnis seiner Liebe zu Charlotte von Stein, einer verheirateten, der Sitte und Sittlichkeit ihrer Zeit verpflichteten Frau, die weder seinem ruhelosen Drängen noch ihrem Gefühl ganz traute, die ihn bildete, anzog und abwies und vor der er ein Jahrzehnt später »südwärts« floh, als die »rastlose Liebe« mit der Hoffnung auf Erfüllung auch von ihrem dichterischen Vermögen verloren hatte.

VOR GERICHT

Von wem ich's habe, das sag' ich euch nicht,
Das Kind in meinem Leib.
Pfui! speit ihr aus, die Hure da!
Bin doch ein ehrlich Weib.

Mit wem ich mich traute, das sag' ich euch nicht,
Mein Schatz ist lieb und gut,
Trägt er eine goldne Kett' am Hals,
Trägt er einen strohernen Hut.

Soll Spott und Hohn getragen sein,
Trag' ich allein den Hohn.
Ich kenn' ihn wohl, er kennt mich wohl,
Und Gott weiß auch davon.

Herr Pfarrer und Herr Amtmann ihr,
Ich bitt', laßt mich in Ruh!
Es ist mein Kind, es bleibt mein Kind,
Ihr gebt mir ja nichts dazu.

Walter Jens
Die Beschuldigte als Richterin

Ein provokantes Plädoyer, aggressiv und selbstbewußt, gelassen und von der Demut einer Frau bestimmt, die, mit Gott, dem Liebsten und ihrem Kind vereint, alle großen Hänse der Welt, den Sachwalter der Religion so gut wie den Vertreter des Staats, in die Schranken fordert. Eine Verrufene stellt die Gebote der Liebe gegen das Sittengesetz des Staats, um, derart gerüstet, dem Ansinnen obrigkeitsstaatlicher Inquisition zu trotzen.

Umkehrung aller Werte: Die Hure mit dem Schandbalg im Bauch – ein ehrliches Weib. Der Kindsvater – ein lieber Schatz, einerlei, ob er mit der Goldkette prunkt oder einen Plebejerhut trägt. Arm oder reich, einerlei: Hauptsache, wir sind uns gut – so wird die Wendung im allgemeinen verstanden. Es könnte freilich auch sein, daß das *oder* im Sinne von *und* zu verstehen ist: Mit dem Kettchen *und* der Krone, einmal so und einmal so gewandet, mit und ohne Geld ist mein Schatz mir lieb, der Kerl von einem Mannsbild, dessen Namen ich nicht preisgebe. In dem Fall wäre der Kettchen- oder Hütchen-Träger eine und dieselbe Person: brechtscher Anarchist und Edelmann, Königssohn und Desperado – vertraut und gut.

Das Mädchen aus dem Volk, geschwängert und ehrlos, hält Gerichtstag über Pfaffen und Bürokraten, verweigert die Auskunft, kündigt Gehorsam, stellt das Recht auf Selbstverwirklichung gegen den auf Triebunterdrückung und Liebesverzicht abzielenden Sittenkodex der Gesellschaft.

Volkslied und Bänkelsang, ein Hauch von Heine und Brecht (»Ich kenn' ihn wohl, er kennt mich wohl, und Gott weiß auch davon«) – der siebenundzwanzigjährige Goethe geht weit über den larmoyant moralisierenden Tonfall hinaus, in dem zu seiner Zeit das Problem der unehelichen Mutter behandelt wurde. Gretchen hat in der Figur des vor Gericht auftretenden Mädchens eine selbstbewußte Schwester gefunden – ein Mädchen, das den Spott der ganzen Welt in Kauf nimmt, weil sie einen Mann liebt und ein Kind von ihm hat und weil sie stolz auf beides ist.

Da zählt das Private, Geheime und nur Gott Offenbare mehr als Öffentlichkeit und Gesellschaft; da gilt Liebe viel und sogenannte Unschuld wenig; da wird nicht geklagt und die Verlassene herausgekehrt, sondern da bekennt sich eine zu dem, was sie tat, und nennt es gut und einem ehrlichen Weib wohl anstehend. Lächerlich, gegenüber dem Vertrautsein zwischen zwei Menschen, der Schematismus moralischer Normen; albern, verglichen mit dem Liebsten – einerlei, ob er die goldene Kette oder den strohernen Hut trägt, das Geschmeide oder die Krone aus Bast… lächerlich Pfarrer und Amtmann, die, aller individuellen Attribute bar, nichts weiter als »Herren« sind.

Oben und unten, die Welt der Standespersonen und der Bezirk der kleinen Leute, hören auf, Positionen in einem festen Ordnungsgefüge zu sein. Die Herbeizitierte wird zur Richterin, und die Behörde erhält ihren Platz auf der Anklagebank. Johann Wolfgang Goethe, ein auf Emanzipation der Unterdrückten bedachter Jurist, hält, in einem Plädoyer der Ausgestoßenen, der Herrschaft seiner Zeit und deren Ideologen den Spiegel vor… im Gedicht, wohlgemerkt, im lyrischen Traktat. Nicht in der Realität, nicht als Beamter. Befragt, ob er an der Todesstrafe für Kindsmord festzuhalten gedenke, schloß sich der Dichter der Ballade »Vor Gericht« und des Dramas »Faust« den Ausführungen seiner Kollegen im Geheimen Conseil, der Herren von Fritsch und von Schnauß, in jeder Weise an: er trete, so eine Notiz vom November 1783 (sieben Jahre nach dem Gedicht publiziert), den Votis der beiden anderen Conseils-Mitglieder bei, indem er erkläre, »daß auch nach meiner Meinung räthlicher seyn mögte die Todtesstrafe beyzubehalten«.

So einfühlsam sich der Poet G. in die Lage einer unehelichen Mutter hineinversetzte, einerlei, ob sie, in »Vor Gericht«, ihr Kind behalten möchte oder es, im »Faust«, getötet hat, so gnadenlos argumentierte der Staatsmann, Exzellenz von G. Zwei Seelen wohnten, ach, in seiner Brust.

AN DEN MOND

Füllest wieder Busch und Tal
Still im Nebelglanz,
Lösest endlich auch einmal
Meine Seele ganz:

Breitest über mein Gefild
Lindernd deinen Blick.
Wie des Freundes Auge mild
Über mein Geschick.

Jeden Nachklang fühlt mein Herz
Froh- und trüber Zeit,
Wandle zwischen Freud und Schmerz
In der Einsamkeit.

Fließe, fließe, lieber Fluß!
Nimmer werd' ich froh,
So verrauschte Scherz und Kuß,
Und die Treue so.

Ich besaß es doch einmal,
Was so köstlich ist!
Daß man doch zu seiner Qual
Nimmer es vergißt!

Rausche, Fluß, das Tal entlang,
Ohne Rast und Ruh,

Rausche, flüstre meinem Sang
Melodien zu.

Wenn du in der Winternacht
Wütend überschwillst,
Oder um die Frühlingspracht
Junger Knospen quillst.

Selig, wer sich vor der Welt
Ohne Haß verschließt,
Einen Freund am Busen hält
Und mit dem genießt,

Was, von Menschen nicht gewußt
Oder nicht bedacht,
Durch das Labyrinth der Brust
Wandelt in der Nacht.

Gabriele Wohmann
Kann Ihnen der Mond noch nützen?

Auf Gemütsergebnisse bedacht, sind mir die Gedichte am ergiebigsten, mit denen ich mich sofort verständigen kann. An dieses Goethe-Gedicht will ich anhänglich bleiben, und damit auch an Situationen. Es ist nicht leicht, von einem Vater zu erzählen, der auf Spaziergängen die »Urworte orphisch« und, um uns zu erheitern, das »Sendschreiben an Merck« zitierte, und auch »An den Mond«, vielleicht von »Busch und Tal« angeregt. Man konnte ihn aber immer unterbrechen, sogar mit Gelächter, wenn er mal nicht weiterkam: so bildeten wir die ihm unentbehrlichen Anführungszeichen, und nur in deren Umrahmung hat er ja Goethe mit in den Wald genommen. Wenn dieser Vater sich doch auf die Depot-Wirkung bei uns Kindern verließ, so hatte er recht.
Die Anwendbarkeit von »An den Mond« liegt in jeder Zeile wie ein Angebot zur verwandten Empfindung. Es ist ein Liebesgedicht. Unartikulierte Liebesschmerzen aller Anonymen können sich in der Gefühlsgeschichte zwischen Goethe und der Freifrau von Stein unterbringen.
Der Mond wird angeredet! Was »von Menschen nicht gewußt« »in der Nacht wandelt«, wird beschworen: nur diejenigen Gedichte, die aus dem zuerst ganz persönlichen Blick auf den zuerst ganz privaten Ausschnitt Welt sich in die Rätselhaftigkeit des Irrationalen vorwagen, die zu diesem Zweck die Himmelsrichtung wählen, den Mond zum Beispiel, die ein Menschengefühl transzendieren, nur diese Gedichte ziehen bei mir.

Aus der »Liebsten« der ersten Fassung (zwischen 1776 und 1778 geschrieben) wurde zehn Jahre später in der Endfassung der »Freund«, »des Freundes Auge mild«.

Es spricht ja für Goethes Gedicht, daß man seiner nicht nur an den Krankenlagern der Liebeskummerpatienten bedarf. Mein Vater bewies es mir: ein unverworrener Mann ohne heimliche Gefühlsmißwirtschaft. Ziemlich immun bin ich gegen autobiographische Mutmaßungen: hat Goethe beim Bild vom Fluß die Ilm assoziiert, in der sich Christel von Laßberg am 17. Januar 1778 ertränkte? Doch wenn es stimmt, daß eine allererste Niederschrift schon 1774 entstand, was dann mit dieser Lebenslaufparallele, in der, wie meistens beim autobiographie-besessenen Interpretieren, sich kaum unterdrückte Schuldzuweisungen aufspielen möchten? Es scheint ja so verlockend, die Genies in ihrem Alltag bei irgendeinem Mißbrauch zu ertappen.

Zu Frauen war er gar nicht so nett, dieser Goethe, und auf das dunkle Kapitel Entfremdung, zwischen ihm und Charlotte, hat er mit »dunklen« Reimen geantwortet, schnell offenbar aus der Rolle der Privatperson mit Gefühlspflichten in die des Dichters mit Kunstverantwortung schlüpfend. Ich halte mich auch nicht mit dem feministischen Vorwurf auf, Goethe habe plagiativ eine »An den Mond«-Variante der Charlotte (von ihr »meine Fassung« genannt) für seine letzte Fixierung ausgebeutet. Der »Nachklang«, das ist allerdings Charlottes Wort-Fund.

Schönes Hin und Her der Inspiriertheiten! Ging Goethe eine Melodie des Zürcher Komponisten Keyser (zum Text eines H. L. Wagner) im Kopf herum, oder fand er nachträglich, daß die einfache strophenförmige Musik gut passe, und dachte er sich sein Gedicht denn als Lied? Spätestens jetzt fällt mir Franz Schubert ein, durch dessen Vertonung überhaupt das Gedicht mir erst jederzeit abrufbar ist, und Höchstdosis der Schmerz- und Glückszufuhr, auf jedem beliebigen Bahnsteig, in jeder Unlustverfassung als Ausweg zu benutzen, Schubert, den Goethe abwies und mit dessen Hilfe ich »Gefild« und »Nebelglanz« gar nicht erblicken muß: die Innenabbildung genügt. Von Schubert unterstützt, schaue ich mir meinen Goethezeit-Mond auch bei Hochdruckwetter im Tageslicht an. Das erregt meinen leisen Verdacht gegen mich, macht mich staunen über eine Tante, mehr eine Freundin, die sogar als Berufsmusikerin sich lieber vor der Musikzutat drückt, weil sie das Gedicht ohne jede selbständige Kunstleistung der Melodie schon grenzgängerisch genug liebt.

Und kann denn ausgerechnet Ihnen der Mond noch irgendwie nützen? So werde ich gefragt. Es beschädigt ja den Mond dieses Gedichts gar nicht, daß Astronauten ihn abgestapft haben. Der Mond ist diese mit uns sympathisierende Anrede-Figur geblieben, immer dann, wenn wir mit ihm nicht nur den naturwissenschaftlich untersuchten Erdtrabanten meinen, sondern über unsere liebeschmerzvolle Endlichkeit in der sehnsuchtmachenden Unendlichkeit, in der er uns zuleuchtet, nicht zu verzagen versuchen.

Wie schön ist allein der Titel! Und womit soll man in der literarischen Gegenwart die therapeutische Sanftheit herstellen, die in der Unbefangenheit dieser goetheschen Art, »dunkel« zu reimen, versteckt ist? Die einzige Imitation, die sich nicht verbietet, ist angesichts dieses Meisterwerks das stille Nachvollziehen, ist ein Genuß, so epigonal wie möglich.

DER FISCHER

Das Wasser rauscht', das Wasser schwoll,
Ein Fischer saß daran,
Sah nach dem Angel ruhevoll,
Kühl bis ins Herz hinan.
Und wie er sitzt und wie er lauscht,
Teilt sich die Flut empor;
Aus dem bewegten Wasser rauscht
Ein feuchtes Weib hervor.

Sie sang zu ihm, sie sprach zu ihm:
Was lockst du meine Brut
Mit Menschenwitz und Menschenlist
Hinauf in Todesglut?
Ach wüßtest du, wie's Fischlein ist
So wohlig auf dem Grund,
Du stiegst herunter, wie du bist,
Und würdest erst gesund!

Labt sich die liebe Sonne nicht,
Der Mond sich nicht im Meer?
Kehrt wellenatmend ihr Gesicht
Nicht doppelt schöner her?
Lockt dich der tiefe Himmel nicht,
Das feuchtverklärte Blau?
Lockt dich dein eigen Angesicht
Nicht her in ewgen Tau?

Das Wasser rauscht', das Wasser schwoll,
Netzt' ihm den nackten Fuß;
Sein Herz wuchs ihm so sehnsuchtsvoll,
Wie bei der Liebsten Gruß.
Sie sprach zu ihm, sie sang zu ihm;
Da wars um ihn geschehn:
Halb zog sie ihn, halb sank er hin,
Und ward nicht mehr gesehn.

Golo Mann
Das feuchte Weib

Wer ist das »feuchte Weib«? Eine Gestalt im Wasser, Nixe, Sirene, die ihre »Brut« retten, dem Fischer sein Handwerk legen will? Ist sie das Wasser selber? Offenbar beides: das Element, flüchtig zur Figur geworden, ohne das wir nicht leben können und das uns den Tod bringen kann. Von solcher Doppelheit handelt in seiner Urform schon das Gedicht »An den Mond«, welches ja auch ein Gedicht an den Fluß ist:

> Wenn in öder Winternacht
> Er vom Tode schwillt
> Und bei Frühlingslebens Pracht
> An den Knospen quillt...

»Der Fischer« weiß weder von Fluß noch von Bergsee oder Meer; nur von rauschendem, schwellendem Wasser. In den ersten Versen verrät das Weib noch rationale Tücke. Danach ist's nur noch verlockende Beschreibung: die liebe Sonne, der Mond, der Himmel, alle drei mit dem Wasser vertraut. Und weiter: »dein eigen Angesicht«. Noch einmal das Narziß-Motiv; im »Erlkönig« nur angedeutet, hier ausgesprochen, und zwar zuletzt, als die gefährlichste Versuchung. Wie alt es ist! Die Römer hatten es von den Griechen, wie auch einen Verwandten des Narziß, einen Knaben namens Hylas.
An zwei Distichen des spätrömischen Dichters Ausonius erinnere ich mich.

Der erste:

> Sehet den schönen Hylas, letaler
> Freuden gewärtig,
> Wie, in die Wasser verlockt, sein
> Sterben er lüstern genießt...

Im folgenden die todbringenden Küsse der Nixen. Bei Goethe keine Küsse, nur Sprechen und Singen. Jedoch:

> Sein Herz wuchs ihm so sehnsuchtsvoll
> Wie bei der Liebsten Gruß.

Sein eigen Angesicht und Sonne und Mond und Liebe, untrennbar. Das Ende, »Halb zog sie ihn, halb sank er hin«, eine jener glückhaft dämonischen Prägungen des Dichters, die der bestimmten Situation gelten und auch des Menschen Schicksal allenthalben. Wie mancher ging halb »gezogen«, halb bei freiem Willen ins Verderben; in unseren dreißiger Jahren, so hörte ich, sogar eine ganze Nation, ein ganzer Kontinent.

An Frau von Stein schreibt Goethe gelegentlich eines Selbstmordes in seiner Nähe: »...Diese einladende Trauer hat was gefährlich Anziehendes wie das Wasser selbst, und der Abglanz der Sterne des Himmels, der aus beiden leuchtet, lockt uns...« Da hätten wir die Keimzelle des Gedichtes, wenn wir eine brauchen. Fragte man den Poeten, was denn das »feuchte Weib« bedeute, wurde er ungeduldig und antwortete: Es sei das Element und weiter gar nichts.

NACHTGEDANKEN

Euch bedaur ich, unglückselge Sterne,
Die ihr schön seid und so herrlich scheinet,
Dem bedrängten Schiffer gerne leuchtet,
Unbelohnt von Göttern und von Menschen:
Denn ihr liebt nicht, kanntet nie die Liebe!
Unaufhaltsam führen ewge Stunden
Eure Reihen durch den weiten Himmel.
Welche Reise habt ihr schon vollendet!
Seit ich weilend in dem Arm der Liebsten
Euer und der Mitternacht vergessen.

Harald Hartung
Heilig-öffentliches Geheimnis

Seit alters sind die Sterne den Liebenden Zeugen und Garanten ihres Gefühls. Sie scheinen mächtig, aber fern. Sie leuchten, aber nicht zu sehr – nicht stärker jedenfalls als die Liebe selbst. Man wünscht sie zu sich herab oder entrückt den geliebten Menschen zu ihnen empor. Teilnehmend kann man sie nennen oder fühllos schelten. Goethe findet in diesem kleinen Gedicht eine weitere Möglichkeit: er bedauert die Sterne.

Das macht sich nicht leicht, aber gut. Acht Zeilen wendet der Dichter dazu auf – um sie in zweien zu übertrumpfen: Sieg des Mikro- über den Makrokosmos, Sieg der Liebe über die Ordnung. Zu bedauern sei die Sternenordnung, weil ihr eines fehlt: die Liebe – so Goethes Argument. Griechisch ist die Vorstellung von den Horen, die den Sternenreigen durch den Himmel führen. Griechisch aber auch die Auffassung, daß ohne den gliederlösenden Eros alle Natur seelenlos bleibt. Spricht aus Goethe, wenn er die Liebe aufs Menschliche beschränkt, eine *moderne* Weltsicht? Oder ist nicht Rhetorik im Spiel? Liebes-Rhetorik – ein schalkhaftes Kompliment an die geliebte Frau, das Welten bemüht und Welten aufhebt?

Wie immer: gegen die kosmische setzt der Liebende seine eigene Zeitrechnung, sein persönliches Datum. Das »seit« markiert den Einschnitt, doch über Zeit und Dauer wird er weniger deutlich. Wie lang ist das schon her? Und ist es überhaupt schon vergangen? Das sind Fragen, die ihm gegenstandslos geworden sind. Vergangen ist nichts, kann nicht sein, denn er hat vergessen: nicht bloß Sterne und Mitternacht, sondern Zeit überhaupt. Denn alle Liebe *ist* Ewigkeit, könnte man in Abwandlung eines berühmten Wortes sagen. Das Partizip Präsens behauptet sein Recht auf Dauer. Statt »weilend« setzt eine frühere Fassung, deutlicher, bestimmter, »bleibend«. Aber die Schwebe von »weilend« ist diskreter und schöner. Bleiben wir bei ihr.

Ob »bleibend« oder »weilend« – der Klang ist gleich. Die trochäischen Verse bedürfen keines Reims. Sie laufen – Trochäus heißt Läufer – über die gleißenden ei-Klänge auf ihr Ziel zu: von Reihen und Reise auf Bleiben oder Weilen in jener Geborgenheit, die Vergessen schenkt. In seinem »Lob der Vokale« bestimmte Ernst Jünger das »ei« als »Laut der heiteren Zauberei und der glänzenden Geheimnisse« und meinte, seine strahlende Wirkung trete gegen das »e« besonders hervor. Also gegen die Sterne wie gegen das Vergessen.

Vergessen meint hier weder Betäubung noch Regression. Der sich hier seine »Nachtgedanken« macht, weiß, daß und was er vergißt. Er bleibt Herr seiner Gedanken, er kann mit ihnen spielen. Vielleicht hat er auch noch nicht wirklich vergessen, sondern möchte es tun? Er, Goethe, der das Gedicht Frau von Stein zudenkt und ihr am 20. September 1781 schreibt: »Was beyliegt ist dein. Wenn du willst so geb ich's in's Tiefurter Journal und sage es sey nach dem Griechischen.«

So geschah es. Das Gedicht erschien im 6. Stück des handschriftlich verbreiteten Freundeszirkulars unter dem Titel »Nach dem Griechischen«. Übers Griechische von Ton und Auffassung kein Wort. Aber warum diese Mystifikation? Man muß an die Regeln von Goethes Verhältnis zu Frau von

Stein erinnern. Man könnte fast sagen: an den *Pakt.* Also an die Disziplin, die zu üben der Liebende versprochen hatte. Hier – und nur hier, im Gedicht – »weilte« er in dem Arm der Liebsten. Er hatte sich, ohne um Erlaubnis gefragt zu haben, hineingeträumt, hineingedichtet. Hier, auf dem Höhepunkt seiner Liebe zu Charlotte, entrückte er die geliebte Frau einmal nicht zu den Sternen, sondern versuchte die Sterne zu vergessen. Und da er schon nicht völlig vergessen konnte, wollte, durfte, gab er Zeugnis im Gedicht von seinem heilig-öffentlichen Geheimnis.

ERLKÖNIG

Wer reitet so spät durch Nacht und Wind?
Es ist der Vater mit seinem Kind;
Er hat den Knaben wohl in dem Arm,
Er faßt ihn sicher, er hält ihn warm.

Mein Sohn, was birgst du so bang dein Gesicht? –
Siehst, Vater, du den Erlkönig nicht?
Den Erlenkönig mit Kron und Schweif? –
Mein Sohn, es ist ein Nebelstreif. –

»Du liebes Kind, komm, geh mit mir!
Gar schöne Spiele spiel ich mit dir;
Manch bunte Blumen sind an dem Strand,
Meine Mutter hat manch gülden Gewand.«

Mein Vater, mein Vater, und hörest du nicht,
Was Erlenkönig mir leise verspricht? –
Sei ruhig, bleibe ruhig, mein Kind;
In dürren Blättern säuselt der Wind. –

»Willst, feiner Knabe, du mit mir gehn?
Meine Töchter sollen dich warten schön;
Meine Töchter führen den nächtlichen Reihn,
Und wiegen und tanzen und singen dich ein.«

Mein Vater, mein Vater, und siehst du nicht dort
Erlkönigs Töchter am düstern Ort? –

Mein Sohn, mein Sohn, ich seh es genau:
Es scheinen die alten Weiden so grau. –

»Ich liebe dich, mich reizt deine schöne Gestalt;
Und bist du nicht willig, so brauch ich Gewalt.«
Mein Vater, mein Vater, jetzt faßt er mich an!
Erlkönig hat mir ein Leids getan! –

Dem Vater grausets, er reitet geschwind,
Er hält in Armen das ächzende Kind,
Erreicht den Hof mit Müh und Not;
In seinen Armen das Kind war tot.

Golo Mann
Die Urballade

Die deutsche Urballade. Es konnte ihr Gleichrangiges folgen; Besseres nie. Es mochte Gedankenreicheres, Feineres, Italienisch-Hellenischeres kommen, von Goethe selber (Die Braut von Korinth) und von anderen, aber jenem nicht Vergleichbares. Trotzdem ist es die einzige Ballade Goethes, welche der Referent nicht hersagen könnte. Warum? Man käme ins Singen. Warum? Wegen der Schubertschen Komposition. Melodie und Wort haben sich derart vereinigt, daß sie nie mehr voneinander zu scheiden sind; was für die Melodie spricht und das Wort auch. Denn zum Singen war es im Ursprung schon gemeint, wie alle aus dem Volk kommende oder wie hier den Volkston nachvollziehende rhythmisierte, gereimte Erzählung.

Vier Stimmen: des Vaters, des Kindes, des Elben und der Nacht. Die Nacht zum Klingen zu bringen fällt dem Tondichter leichter als dem Dichter, der über keine »Begleitung« verfügt. Nun, Goethe brauchte das nicht:

> Schon stand im Nebelkleid
> die Eiche,
> Ein aufgetürmter Riese, da,
> Wo Finsternis aus dem Gesträuche
> Mit hundert schwarzen Augen sah.

Da ist's der junge Liebhaber, der zu Pferd durch die Düsternis jagt, dem Dorf der Geliebten zu, und an den schwarzen Augen der Nacht seine Freude hat.

Anders Stimmung und Stimmen im »Erlkönig«. Die des Vaters: fest, vernünftig, beschützend. Die des Kindes angstvoll von Anfang an und immer geängstigter bis zum höchsten Punkt, der auch schon das Ende ist. Die des Elben hell, verführerisch, dem Knaben eine Landschaft versprechend, die mit der windenden Herbstnacht kontrastiert: die bunten Blumen am Strand, die güldenen Gewänder der Mutter, die Königstöchter singend, tanzend, einwiegend.

Warum hört der Vater nicht Erlkönigs leise Versprechungen? Warum sieht nicht auch er Erlkönigs Töchter, wie der Knabe sie sieht, am düsteren Ort – und nicht am hellen Strand zwischen bunten Blumen? Angst ist einsam. Daß der Vater zu vernünftig brav ist, um anderes zu sehen als die grauen Weiden, muß die Angst des Kindes noch steigern. »Mein Vater, mein Vater« – er hat ihm ja getraut bisher und bleibt nun unverstanden.

Der Verführer kennt sein Handwerk. Die Verse geraten ins Springen, wo er beginnt; Daktylen, ungefähr, anstatt Jamben. Was er anbietet, sind des Kinderverführers gewöhnliche Versprechungen: gar schöne Spiele. Wes Geschlechts ist er? Des männlichen doch wohl, König, nicht Elfenkönigin. Und hat Töchter und liebt den Knaben. Und das sagt er zuallerletzt, nachdem sein versuchendes Geflüster nichts fruchtete: Liebeserklärung und Gewaltanwendung sind eines. Das »jetzt faßt er mich an!« hat etwas Indezentes, steigert das vorhergehende »Willst, feiner Knabe, du mit mir gehn«. Das Indezente verbindet sich mit dem Mörderischen, und beides zusammen bricht nun auch des Vaters Standfestigkeit. Wo ist noch Verlaß, wenn auf ihn keiner mehr ist?

Der Eingeweihte könnte argumentieren: Es war alles nur ein Fiebertraum des Knaben, todkrank schon, als der Vater

ihn aufs Pferd hob. Was er träumt, ist kindlicher Narziß-
mus, die Lust und die Angst, verführt zu werden. Das Ge-
genargument: Wir wissen doch, welcher Überlieferung
Goethe Motiv und Namen verdankte: urig-nordischer
Überlieferung, ihm dargebracht durch Herders aus dem
Dänischen übertragenes »Erlkönigs Tochter«, welches
gleichfalls mit einem anderen Wort als »tot« nicht enden
kann.

Da geht es um der Elbe-Prinzessin banale Eifersucht: Weil
Herr Olaf nicht mit ihr tanzen will, weil er morgen früh
Hochzeitstag hat, tut sie ihm einen Schlag auf sein Herz,
noch immer fühlt er solchen Schmerz. Sie hob ihn bleichend
auf sein Pferd: Reit heim zu Deinem Fräulein wert... Von
dort also hat er es her; ob ihm bewußt war, wie er den Ritt
durch die Nacht steigerte und verfeinerte durch den Traum
des Kindes oder, als der Volksdichter, der er hier war, selber
an den Erlkönig glaubte, das muß offenbleiben.

MIGNON

Kennst du das Land, wo die Zitronen blühn,
Im dunkeln Laub die Gold-Orangen glühn,
Ein sanfter Wind vom blauen Himmel weht,
Die Myrte still und hoch der Lorbeer steht,
Kennst du es wohl?
                    Dahin! Dahin
Möcht ich mit dir, o mein Geliebter, ziehn!

Kennst du das Haus? Auf Säulen ruht sein Dach,
Es glänzt der Saal, es schimmert das Gemach,
Und Marmorbilder stehn und sehn mich an:
Was hat man dir, du armes Kind, getan?
Kennst du es wohl?
                    Dahin! Dahin
Möcht ich mit dir, o mein Beschützer, ziehn!

Kennst du den Berg und seinen Wolkensteg?
Das Maultier sucht im Nebel seinen Weg,
In Höhlen wohnt der Drachen alte Brut,
Es stürzt der Fels und über ihn die Flut:
Kennst du ihn wohl?
                    Dahin! Dahin
Geht unser Weg! o Vater, laß uns ziehn!

Peter von Matt
Gefährliche Vollkommenheit

Dieses Lied, heißt es im Roman, habe ursprünglich anders ausgesehen. In Mignons eigener Sprache, einem »gebrochenen, mit Französisch und Italienisch durchflochtenen Deutsch«, sei es nur teilweise verständlich gewesen, unzusammenhängend auch, aber unvergleichlich in der »Originalität der Wendungen«. Die Übersetzung habe das nur »von ferne nachahmen« können.

Der Hinweis ist wichtig, auch wenn es diese Urform natürlich nie gegeben hat. Sie ist Romanfiktion. Keiner hat da je etwas übersetzt. Hingegen trifft es zu, daß das Gedicht geordneter erscheint, als es ist. Eine vordergründige Regelmäßigkeit scheint ihm wie aufgesetzt. Sie verliert sich, wenn man weiterfragt, weicht bald einmal einer bedrohlichen Mehrdeutigkeit. Das Lied ist Inbegriff deutscher Lyrik und könnte doch in jedem Lehrbuch der Rhetorik stehen, so geplant sind seine Parallelen und Repetitionen, so gebaut ist das dreifache Anwachsen der Fragen – auf die keine Antwort folgt, sondern die weiße Stelle im Druckbild –, so genau gesetzt ist jedesmal der Schluß.

Wir wissen auch, wie Mignon das Lied gesungen hat. »Das ›Kennst du es wohl?‹ drückte sie geheimnisvoll und bedenklich aus«, die Schlußverse aber »bald bittend, dringend, treibend, hastig und vielversprechend«. Ginge es nur um eine Italienreise, was sollte da die gärende Mischung der Gefühle? Und was sollte jene geisterhafte Lücke im Druckbild?

Ein Liebesgedicht ist das, und dann noch mehr. Es setzt mit erotischen Bildern ein. Mignon, das unentwickelte, in sich selbst zurückgedämmte Wesen, entwirft mit der Landschaft der ersten Strophe eine verschlüsselte Vision von sich als einer reifen, liebesbereiten Frau, die ihres Geliebten gewiß ist. Die halluzinative Sinnlichkeit des zweiten Verses wirft ein Licht auf jenes Wort »vielversprechend« im zitierten Satz. Auch der Myrte kommt hier der antike Sinn zu. Sie ist die Pflanze Aphrodites, der keuschen Artemis verhaßt, und bedeutet Leidenschaft und das Ende der Jungfräulichkeit. Daneben, männlich genug, der Lorbeer.

Die dritte Strophe steht dazu in einem dramatischen Bezug. Sie bringt gehäuft Bilder der Initiation, jener gefährlichen Rituale, über die man in archaischen Gesellschaften die Rechte der Erwachsenen gewinnt. Wie dort die Jugendlichen durch ein Ungeheuer kriechen müssen, das sie symbolisch verschlingt, wie sie in Wasser getaucht, durch Feuer geschickt, der pfadlosen Wildnis ausgesetzt werden, so baut sich hier der Weg über den Gotthard als ein großes Szenar der zweiten Geburt auf. Mignon wünscht und sucht diesen Durchgang, hinüber in ein neues Dasein.

Aber dieses neue Dasein ist zuletzt mehr und etwas anderes als das erfüllte, sinnlich bewegte Frauenleben. Und entsprechend ist das ganze Gedicht mehr und etwas anderes als nur ein Liebesgedicht. Was Mignon will, ist eine Vollkommenheit, die auf einmal da ist, ganz und unveränderbar, eine stehende Vollendung, die Werden und Wandlung, Gestaltung und Umgestaltung ausschließt. Alles soll gleichzeitig sein: Blüte und Frucht, Natur und Kunst, Leib und Stein, Himmel und Erde. Die Gesetze des umfassenden Werdens sind aufgehoben in einer glänzenden, todesstillen Ruhe.

So groß ist Mignons Leiden, daß der Traum von einer Erlö-
sung sie über alles Leben hinausträgt. Gut, daß der Mann,
dem sie das Lied singt, schwer von Begriff ist.

FREUDVOLL
UND LEIDVOLL

Freudvoll
Und leidvoll
Gedankenvoll sein,
Langen
Und bangen
In schwebender Pein,
Himmelhoch jauchzend,
Zum Tode betrübt;
Glücklich allein
Ist die Seele, die liebt.

Marcel Reich-Ranicki
Die schwebende Pein

Der Missetäter heißt Beethoven. Denn durch seine (übrigens herrliche) Vertonung wurde dieses Gedicht fast unmerklich der deutschen Lyrik entzogen. Aus dem zarten und intimen Lied eines liebenden Mädchens hat er den effektvollen Auftritt einer Primadonna gemacht. Nur der Anfang ist schlicht, dann aber treibt die verhältnismäßig opulente Orchesterbegleitung – zumal das Crescendo vor den Worten »Himmelhoch jauchzend« – das Ganze ins Hochdramatische: Aus dem Klärchen-Lied wird fast eine Fidelio-Arie. Doch die das summt und singt, ist nicht eine Heroine, sondern des Grafen Egmont naiver Bettschatz.

So hat Beethovens Musik den Text Goethes zugedeckt, wenn auch, zugegeben, auf erhabene Weise.

Seitdem ist es üblich, dieses Lied lediglich als einen Bestandteil des Trauerspiels »Egmont« und nicht als ein selbständiges Gedicht zu behandeln: Es gehört nicht zum Kanon der deutschen Poesie, es findet sich, soweit ich sehe, nur selten in Lyrik-Anthologien, es wird von den Herausgebern der Schul-Lesebücher hartnäckig ignoriert. Aber es ist, jedenfalls für mich, das schönste, das vollkommenste erotische Gedicht in deutscher Sprache.

Goethes Worte – es sind insgesamt nicht mehr als 23 – beschreiben einen Gemütszustand von außergewöhnlicher Labilität. Ihn charakterisieren extreme Schwankungen – zwischen »freudvoll« und »leidvoll« bis hin zu dem Gegensatz von höchstem Lebensgefühl und tiefster Niedergeschlagenheit, wenn nicht Verzweiflung.

Bezieht sich die Formulierung »Himmelhoch jauchzend, zum Tode betrübt« auf jemanden, der an einer psychischen Krankheit leidet? Wollte Goethe das Bild eines manischdepressiven Menschen skizzieren? Nicht unbedingt. Wir haben es jedoch mit einem insofern krankhaften oder zumindest scheinbar krankhaften Fall zu tun, als die raschen und heftigen Schwankungen zwischen Euphorie und Melancholie, von denen hier die Rede ist, keinen rationalen Grund haben. Gleichwohl wird, was sie auslöst, deutlich benannt – allerdings erst mit dem letzten Wort des Gedichts: Es geht um die Liebe.

Zwischen den beiden Gegenüberstellungen – der nachdenklich gemäßigten und der extrem gesteigerten, bei der es keinen Platz mehr für die Vokabel »gedankenvoll« gibt – verweist Goethe auf das Element, das zu diesen polaren Spannungen und Schwankungen gewiß beiträgt, ja sie offenbar verursacht: die Angst.

Indes heißt es am Ende: »Glücklich allein ist die Seele, die liebt.« Glücklich trotz der schwebenden Pein? Nein, nicht trotz, sondern eben dank der unentwegten Furcht, das Einzigartige, das kaum Faßbare könne so plötzlich zu Ende gehen, wie es begonnen hat. Nur derjenigen Liebe, die auch gefährdet, also unsicher ist, verdankt der Mensch das höchste Glück. Die Angst erscheint somit nicht bloß als eine unvermeidbare Begleiterscheinung der Liebe, sondern als ihr Fundament und ihre Voraussetzung.

Aber wen hat Klärchen im Sinn? In Goethes frühen erotischen Gedichten hören wir immer von einem Partner, von dem Objekt der so intensiven Zuneigung. Klärchen hingegen spricht ausschließlich von sich selber, von ihrer eigenen

Liebe. Die Frage, wem dieses Gefühl, das die Zurechnungs-fähigkeit des Individuums unzweifelhaft beeinträchtigt, denn eigentlich gilt, wird bewußt ausgespart: Es ist, verstehen wir, eine belanglose Frage. Denn der Gott, man kann es schon bei Plato lesen, ist nicht beim Geliebten, sondern beim Liebenden. Anders ausgedrückt: Die Fähigkeit zu lieben ist ungleich größer und höher als die Gabe – oder sollte man sagen: Gnade? –, geliebt zu werden. Auch darauf deutet dieses prägnante Gedicht hin.

Goethe, haben wir gelernt, wollte wissen, was die Welt im Innersten zusammenhält. Das ist schon richtig. Doch noch mehr, so will es scheinen, interessierte und irritierte ihn die Liebe: Er empfand das Leben erotisch. So hatte er denn auch die Kühnheit zu verkünden: »Da wo wir lieben / Ist Vaterland.«

SAGET, STEINE, MIR AN

Saget, Steine, mir an, o sprecht, ihr hohen Paläste!
　　Straßen, redet ein Wort! Genius, regst du dich nicht?
Ja, es ist alles beseelt in deinen heiligen Mauern,
　　Ewige Roma; nur mir schweiget noch alles so still.
O wer flüstert mir zu, an welchem Fenster erblick ich
　　Einst das holde Geschöpf, das mich versengend erquickt?
Ahn ich die Wege noch nicht, durch die ich immer und
　　　　　　　　　　　　　　　　　　　　immer,
　　Zu ihr und von ihr zu gehn, opfre die köstliche Zeit?
Noch betracht' ich Kirch und Palast, Ruinen und Säulen,
　　Wie ein bedächtiger Mann schicklich die Reise benutzt.
Doch bald ist es vorbei; dann wird ein einziger Tempel,
　　Amors Tempel nur sein, der den Geweihten empfängt.
Eine Welt zwar bist du, o Rom; doch ohne die Liebe
　　Wäre die Welt nicht die Welt, wäre denn Rom auch nicht
　　　　　　　　　　　　　　　　　　　　　　　Rom.

Ulla Hahn
Liebend erkennen

Im Anfang war das Wort. Hier aber schweigt die Stadt, die ersehnte, berühmte verschweigt sich. Und ihr Schweigen macht den Fremden so einsam, daß er anhebt, mit den Steinen zu sprechen, sie auffordert, flehentlich: »Straßen, redet ein Wort!« Denn er weiß: diese »heiligen Mauern« reden seit Ewigkeiten mit tausend Zungen, warum jetzt nicht einen Moment lang mit einer zu ihm?

Menschenleer ist ihm die Stadt voller Menschen, weil nicht »eine Stimme flüstert mir zu« in all dem Stimmengewirr. Die Augen schweifen umher, »Kirch und Palast, Ruinen und Säulen« setzen ihm wohl die Beine in Bewegung, doch das Herz liegt träge hinter den Rippen. Goethe will nicht als »bedächtiger Mann« nur die Menge des Gewußten und Wissenswerten vermehren, sondern seine ganze Person. Dazu jedoch muß nicht allein der Blick, vielmehr zuerst das Herz entzückt sein. Dann kann der Dichter die Stadt im biblischen Sinne erkennen, ihre Existenz bejahen, zur Seele der Dinge vordringen, »das Heilige« in »Ruinen und Säulen« erfahren. Nicht allein die räumliche, sondern die seelische Seßhaftigkeit muß aufgegeben werden, nicht nur aus seinem Haus, aus sich selbst heraus muß der Dichter gehen, um dem Unbekannten zu begegnen.

Goethe weiß: dies geschieht, wenn wir lieben. Daher braucht er »das holde Geschöpf«, wer auch immer es sei, das ihm hilft, außer sich zu geraten, um sich ganz und gar hineinversetzen zu können in das außer ihm Liegende, in die

Geliebte, die Stadt, die Welt. Liebe wird erlebt als Drang zur Vollendung, als unaufhörliche Sehnsucht, über sich hinauszugehen, die eigenen Grenzen zu öffnen, mehr Welt und Wirklichkeit zu erfahren, als es dem einzelnen selbst möglich ist.

Ist die Liebe mithin nur Mittel zum Zweck? Nein. Sie ist vielmehr Mittel und Zweck, Weg und Ziel in einem, Liebes- und Welterfahrung bedingen einander. Nur liebend erkennt der Dichter die Welt, nur erkennend vermag er zu lieben.

Die Geliebte verstellt ihm dabei nicht den Blick auf die Welt, sie erhellt ihn, weil sie ihn nicht festhält: »zu ihr und von ihr... gehn« will der Dichter, aber auch »immer und immer«. Goethe sucht eine Bindung seines Gefühls, nicht seiner Person, keine Flucht aus der fremden Welt, sondern einen Fluchtpunkt in ihr: »Amors Tempel«. Daher muß die Geliebte nicht stets gegenwärtig sein, sie ist allgegenwärtig. Denn Liebe ist kein Gefühl, das in der Nähe der Geliebten entflammt und mit der Entfernung verlöscht, sondern ein ständiger Strom, der sich über die Welt ergießt und den Liebenden sicher trägt, wo er auch geht. »Amors Tempel« umfängt, überwölbt alle Tempel der Welt.

Goethe will weder in der Geliebten aufgehen noch sich selbst in ihr finden; er sucht und findet nicht in der Geliebten, nein, durch die Geliebte die Welt. Eine solche Liebe macht nicht blind, sie öffnet die Augen, die Sinne, jedem, der liebt.

FROH EMPFIND ICH MICH

Froh empfind ich mich nun auf
  klassischem Boden begeistert;
Vor- und Mitwelt spricht lauter und
  reizender mir.
Hier befolg ich den Rat, durchblättre
  die Werke der Alten
Mit geschäftiger Hand, täglich mit
  neuem Genuß.
Aber die Nächte hindurch hält Amor
  mich anders beschäftigt;
Werd ich auch halb nur gelehrt, bin ich
  doch doppelt beglückt.
Und belehr ich mich nicht, indem ich
  des lieblichen Busens
Formen spähe, die Hand leite die
  Hüften hinab?
Dann versteh ich den Marmor erst
  recht; ich denk und vergleiche,
Sehe mit fühlendem Aug, fühle mit
  sehender Hand.
Raubt die Liebste denn gleich mir
  einige Stunden des Tages,
Gibt sie Stunden der Nacht mir zur
  Entschädigung hin.
Wird doch nicht immer geküßt, es wird
  vernünftig gesprochen;

Überfällt sie der Schlaf, lieg ich und
  denke mir viel.
Oftmals hab ich auch schon in ihren
  Armen gedichtet
Und des Hexameters Maß leise mit
  fingernder Hand
Ihr auf den Rücken gezählt. Sie atmet
  in lieblichem Schlummer,
Und es durchglühet ihr Hauch mir bis
  ins Tiefste die Brust.
Amor schüret die Lamp indes und
  denket der Zeiten,
Da er den nämlichen Dienst seinen
  Triumvirn getan.

Wolfgang Koeppen
Die fünfte Elegie

Johann Wolfgang von Goethe, ein eben ernannter Adliger im besten Mannesalter, durch Ortswechsel kühn und froh, schrieb in der strengen, der klassischen Form der Klage, der Elegie, einen Hymnus auf die Stunde des Glücks, der einzigen, wie er, als Greis sein Leben wägend, dann wehmütig meinte.

Hinter ihm lagen zehn Jahre Weimar, vor diesen die behüteten im Bürgerhaus, das Gretchen, das schöne Kind von 1764, die Mitschuldigen und die Gekrönten von Frankfurt, die geküßten und verlassenen Mädchen der Lehrjahre, bevor sie ins Buch kamen, ein gelöstes Verlöbnis mit Geld und Besitz und der Unfreiheit, die sie schenken, all die ihres Atems beraubten Gefährten des Sturm und Drang, ein lyrischer Überschwung, die Inbrunst der Weltnahme, der widerborstige Götz, ein Werther, dessen Ruhm vor den Heranwachsenden verblaßte in des Dichters Schweigen, er war ein hervorragender Chef der Finanzdirektion eines Kleinstaates, geschäftig hin und her, kassierte Orden und die Nobilität, pflegte eine zu lange währende Liebschaft im Salon einer Dame, quälte Iphigenie in Prosa, die Anfänge des Faust, des Egmonts wurden in einem Dezennium nicht weitergebracht. Tasso floh den Spiegel, in dem er sich nicht wohl fand.

Angekommen in Rom, empfand er große Freude, ein Traum erfüllte sich, er konnte nur sagen: »Ich bin hier.« Schlicht oder triumphierend? Er dankte herzlich dem Himmel. Es war der Olymp. Er schrieb in sein Tagebuch: »Ich fange nun erst an zu leben und verehre meinen Genius.« Tischbein zeichnete Goethe, wie er aus dem Fenster seiner Stube auf den Corso blickte. Ein geschmeidiger Rücken, fast in der Spannung eines Aktes. Tischbein berichtet an Lavater: »Goethe ist ein wirklicher Mann, wie ich in meinen ausschweifenden Gedanken ihn zu sehen mir wünschte.« Goethe erkannte die Weltstadt. Sie inspirierte ihn. Sie stand auf lateinischem Grund. Die Luft knisterte elektrisch. Es war New York mit Ruinen. Venedig war Vorspiel, Station auf der Reise, liebliche, schmutzige Nymphen im Schatten enger Gassen, eine Einübung. Rom ist Erfüllung. Der Dichter schwärmt nicht ins Ungefähr. Er langt zu. Die Seele ja. Aber erst nun der Leib. Der Marmor ist anzufassen. »Dann versteh ich den Marmor erst recht.«

Goethe liest wieder die Alten, die Erzväter, die Weisen des Lichts, die in Weimar nicht mehr zu ihm gesprochen hatten. Catull, Properz, Ovid. Wollüstige Paradiese. Er taucht ein in die Mythen. Sie sind sein Jungbrunnen. Kraft schenken die Götter. Goethe plant eine »Erotica Romana«. Er dichtet. Er malt. Er zeichnet Nackte. Er modelliert. Er beobachtet den Karneval, schreibt eine große Reportage. Die Iphigenie fließt in Versen, Egmont erfüllt sein Schicksal. Goethe stirbt nicht. Er liebt.

Er liebt und sieht sich in den Nächten doppelt beglückt. Glück des Leibes, Glück der Sinne, Glück des Geistes, Glück des Schaffens. Oftmals hat er schon in den Armen des geliebten Mädchens gedichtet »und des Hexameters Maß leise mit fingernder Hand ihr auf den Rücken gezählt«. Die Elegien ein Bett, ein Boot, ein Luftschiff, ein Wortstrom des Entzückens wird fortgesetzt, trägt ihn heim. Er schreibt seinem Herzog: »Ich habe mich in dieser anderthalbjährigen

Einsamkeit selbst wiedergefunden; aber als was? – als Künstler.«

Im Park von Weimar wartet die Blumenbinderin, die Fabrikarbeiterin, wie ihre bösen Zungen sie nennen werden: Christiane! Der römische Amor hat sie Goethe in den Weimarer Weg gestellt. Ein Geschenk. Die Götter haben den Dichter nicht entlassen. Die großen, die mutigen Jahre von Weimar beginnen.

NÄHE DES GELIEBTEN

Ich denke dein, wenn mir der Sonne Schimmer
  Vom Meere strahlt;
Ich denke dein, wenn sich des Mondes Flimmer
  In Quellen malt.

Ich sehe dich, wenn auf dem fernen Wege
  Der Staub sich hebt;
In tiefer Nacht, wenn auf dem schmalen Stege
  Der Wandrer bebt.

Ich höre dich, wenn dort mit dumpfem Rauschen
  Die Welle steigt.
Im stillen Haine geh ich oft zu lauschen,
  Wenn alles schweigt.

Ich bin bei dir, du seist auch noch so ferne,
  Du bist mir nah!
Die Sonne sinkt, bald leuchten mir die Sterne.
  O wärst du da!

Eckhard Heftrich
Reiner Gesang

Dieses Gedicht hat seit je die Komponisten angezogen und öfter auch die Philologen gefesselt. Die Strophen gehören zu den am häufigsten vertonten Versen Goethes, und für die Gelehrten gibt es da einen soliden Reif, um den sie den Kranz ihrer Auslegung flechten können. Denn zugrunde liegt das Poem einer einst beliebten Dichterin, dessen Dürftigkeit Goethe um so mehr ärgerte, als Freund Zelter es mit einer ihn ergreifenden Melodie versehen hatte. Die ersten drei Wörter und das Schema der wechselnden Lang- und Kurzzeilen übernahm der produktiv Erregte, und das Wunder dieser Verwandlung, die dem Lied von Zelter ja nur zu einem besseren Text verhelfen sollte, scheint um so größer, als hier, 1795, mitten in der klassizistischen Periode des Dichters, schon um zwanzig Jahre voraus der Ton des »West-östlichen Divan« erklingt.

Der Titel scheint suggerieren zu wollen, daß das sprechende Ich weiblichen Geschlechtes sei: Rollenspiel als Reflex auf das aus der Feder einer Frau stammende Ausgangsmaterial? Höchstens als zufälliger Anlaß, damit aus dem Geliebten das geliebte Wesen werde; denn die Seele ist androgyn.

Nähe läßt sich nicht erzwingen; sie ist ein geschenkter Zustand, kein Ergebnis, und daher meint hier »denken« jenes Eingedenken und Andenken, dem das Du die Welt ist und dem die Welt allein durch den Geliebten fühlbar wird bei Tag und Nacht. Wenn statt dessen Sonne und Mond aufgerufen werden, ist das nicht nur poetische Umschreibung.

Vielmehr ereignet sich so jene Spiegelung von Innen und Außen, für die die ältere Philosophie die Umschreibung fand, die Seele sei in gewisser Weise alles. Das aber meint auch Schönheit als Beseelung und Verklärung der Welt. Darum spiegelt der Mond sich nicht einfach im Wasser. Der Tag aber gewährt als farbiger Abglanz die klare Milde, wie sie ansonsten gerade nicht das Leben, sondern nur die Kunst spendet. Natur als Schönheit: hier allein kann die Imagination als sinnlichste Vergegenwärtigung sich entfalten, und die von der Liebe erregte Phantasie vermag dann auch – für den in der Ferne Bedrohten fürchtend – zu sehen und zu hören, was dem Verstand nur eine Täuschung ist.

Aber erweist sich als Täuschung am Ende nicht doch diese Gegenwart, wenn mit dem Laut der Sehnsucht die Ferne des Geliebten beklagt wird? Dem scheint so zu sein, und doch trügt gerade dieser Schein. Denn hier verzehrt sich kein Narziß überm eigenen Bild, das ihm die spiegelnde Quelle lockend malt. Hier zeugt die Sehnsucht nicht ein Phantom, sondern macht das Wesen des Geliebten fühlbar, sichtbar, hörbar. Und weil das keine Täuschung ist, folgt auch nicht jene plötzliche Enttäuschung, in der die Illusionen der Verliebten zu enden pflegen.

Das Glück des Eingedenkens schreckt daher auch nicht aus einem Traum, sondern weiß, wie die Wahrheit des Empfindens und die Wirklichkeit der Ferne zusammengehören: Trennung wird als Schmerz zur Nähe. Daher entspricht der Verschränkung von »Ich bin bei dir« und »Du bist mir nah« sogar grammatikalisch: »seist... so ferne« und »wärst du da«. Nicht ironischerweise, sondern in zarter Paradoxie gerät die Realität in den Konjunktiv, um sich dann in jenen Optativ zu verwandeln, der als Sehnsucht von Beginn an die Nähe zu beschwören vermochte.

Das Lied ist ein so einfaches wie kunstvolles, also wahrhaft klassisches Gebilde, und gerade darum kann man es immer wieder als reine Melodie hören. Daß Beethoven und Schubert sie vorgesungen haben, verzaubert nur die sich stets erneuernde Naivität solchen Hörens.

ABSCHIED

War unersättlich nach viel tausend Küssen,
  Und mußt' mit Einem Kuß am Ende scheiden.
  Nach herber Trennung tiefempfundnem Leiden
  War mir das Ufer, dem ich mich entrissen,

Mit Wohnungen, mit Bergen, Hügeln, Flüssen,
  Solang ich's deutlich sah, ein Schatz der Freuden;
  Zuletzt im Blauen blieb ein Augenweiden
  An fernentwichnen lichten Finsternissen.

Und endlich, als das Meer den Blick umgrenzte,
  Fiel mir zurück ins Herz mein heiß Verlangen;
  Ich suchte mein Verlornes gar verdrossen.

Da war es gleich, als ob der Himmel glänzte;
  Mir schien, als wäre nichts mir, nichts entgangen,
  Als hätt' ich alles, was ich je genossen.

Gerhard Schulz
Lichte Finsternisse

Abschied und Tod: sie sind miteinander verwandt. Das
wird nirgends schmerzlicher erfahrbar als dort, wo zwei
Liebende sich trennen müssen. Denn Liebe, wo sie sich in
ganzer Macht ereignet, will nichts von Zeit, nichts von An-
fang und Ende wissen. Alles, was mit den Bedingtheiten der
Welt, mit den Gründen für das Kommen und Gehen zu tun
hat, ist ihr aufs äußerste zuwider. Liebe will Ewigkeit für
uns, die wir uns dennoch der Zeit zu unterwerfen haben.
Anschaulicher, bewegender kann das nicht gesagt werden
als mit den ersten zwei Zeilen von Goethes Sonett. Glück
und Schmerz des Liebens sind aufs ergreifendste darin ver-
bunden.
Aber Goethe bleibt auf der Erde, ertrinkt nicht im Liebes-
tod. Eine Reise steht an, aus der Nähe wird Ferne. Kunstvoll
und genau wird die Entfernung des Schiffsreisenden vom
Ufer beschrieben, das ihm, der zurückblickt, den »Schatz«
der nunmehr vergangenen »Freuden« bedeutet. Von Rück-
kehr wird nichts gesagt, obwohl sie denkbar bleibt.
Goethes Sonett ist Ende 1807 oder Anfang 1808 entstanden,
zwei Jahrzehnte nachdem er selbst eine Seereise unternom-
men hatte. Die Literaturgeschichte weiß statt eigener, un-
mittelbarer Erfahrung des Dichters einen leidenschaftlichen
Brief der Bettine Brentano an ihn aus eben dieser Zeit vor-
zuführen, der gerade das Bild des sich nach »hundert Küs-
sen« aus der letzten Umarmung lösenden Seefahrers aus-
malt. Sie weiß auch aufzuwarten mit dem Bericht vom

zärtlichen Einverständnis, in dem sich der Achtundfünfzigjährige damals mit einer jungen Frau befunden hatte. Wer außerdem die in dieser Zeit fertiggestellte »Farbenlehre« kennt, wird aus dem dort beschriebenen engen Verhältnis zwischen dem Blau und der Finsternis den seltsamen Widerspruch der »lichten Finsternisse« besser begreifen. Denn nach dem Bunten und dem Blauen kommt das Dunkle, aber das war licht, wenn die Erinnerung zur Beobachterin wird.

Und schließlich ist da noch die Form des Sonetts, künstlich und kunstvoll zugleich, die damals ein kontroverser Gegenstand war, versuchten doch die Freunde klassischer Formen sie als romantisch zu verachten. Aber Goethe hielt wenig von solchen Parteiungen. Gewiß, nicht »leimen« wollte er um der Reime willen, wie er bekannte, aber dann fand er doch Spaß daran: auch er konnte Sonette schreiben, auch das konnte er.

Die Verehrer des Klassikers Goethe haben seine Sonette nie ganz gebilligt. Auch dieses hier sei »geleimt«, liest man, und mit der Logik der beiden Terzette hapere es. Überhaupt sei das wohl eigentlich nicht Poesie um der neuen Liebe, sondern Liebe um der neuen Poesie willen.

Gewiß, kein Werther hat sich hier für die »vorhabende Reise« Pistolen besorgt, kein Tristan ist todwund über See gegangen. Und jene – um es modisch zu sagen – Verinnerlichung, jenes seltsame Einschließen des Genossenen und nun Verlorenen ins eigne Herz mag unerwartet bei Goethe erscheinen, romantisch geradezu und eher eines Novalis würdig.

Aber manches ist dagegen vorzubringen. Der Blick wendet sich von außen nach innen und zurück dann ins Äußere, diesmal zum Himmel ohne Grenzen. Zugleich aber regiert der Konjunktiv die letzten drei Zeilen, den Gewinn des ins

Innere geschlossenen Glücks doch sehr herabstimmend. Da wird Abschied nicht schlechthin überwunden und Liebe nicht einfach in Geistiges sublimiert.

Wohl aber erweist sich das Alter des Sprechenden im Einklang mit der festen Form, in die das Empfundene gefaßt wird. Unendlichkeit ist nicht für diese Welt. Aber ihrer, wiederum und sei es nur für einen kurzen Augenblick, teilhaft geworden zu sein, erfüllt mit einem Glück eigener Art, das wohl dem Gefühl der Dankbarkeit nahe verwandt sein mag – und vielleicht auch der Freude darüber, daß sich Unendliches in den vierzehn Zeilen eines Sonetts ausdrücken läßt. Ein Jahr nach diesem Gedicht erschienen dann, um das noch anzumerken, die »Wahlverwandtschaften«, deren Gestalten nicht gelingt, was hier versucht wird.

DAS MÄDCHEN SPRICHT

Du siehst so ernst, Geliebter! Deinem Bilde
  Von Marmor hier möcht ich dich wohl
                            vergleichen:
  Wie dieses gibst du mir kein Lebenszeichen;
  Mit dir verglichen zeigt der Stein sich milde.

Der Feind verbirgt sich hinter seinem Schilde,
  Der Freund soll offen seine Stirn uns reichen.
  Ich suche dich, du suchst mir zu entweichen;
  Doch halte stand, wie dieses Kunstgebilde.

An wen von beiden soll ich nun mich wenden?
  Sollt ich von beiden Kälte leiden müssen,
  Da dieses tot und du lebendig heißest?

Kurz, um der Worte mehr nicht zu verschwenden,
  So will ich diesen Stein so lange küssen,
  Bis eifersüchtig du mich ihm entreißest.

Mathias Schreiber
Der Dichter schweigt

So wie der zurückweichende, wohl befriedigte und mit sich selbst zufriedene Geliebte das ihn umwerbende Mädchen anschaut, »so ernst« wirkt das Gedicht auf uns, seine Leser. Marmor-Lyrik aus dem vermutlich kühlen Dezember des Jahres 1807, geschrieben in Jena, zugedacht wahrscheinlich der Pflegetochter des Buchdruckers Frommann, Wilhelmine (»Minchen«) Herzlieb. Andere Sonette aus demselben Zyklus beziehen sich auf Bettine Brentano und auf Silvie von Ziegesar. »Das Mädchen« meint letzten Endes wohl alle Mädchen, das weibliche Gemüt schlechthin, vor dem dann die versteinerte Miene des zögernden Geliebten zum »Bilde« des Männlichen wird.

Alle siebzehn Sonette, die diesen Zyklus ausmachen, sind – mehr oder weniger ausdrücklich – Liebesgedichte; freilich nicht so zart und spontan wie einst; eher gedichtete, dialogisch entfaltete Gedanken *über* die Liebe sind es nun. Früher hatte Goethe das Sonett beinahe ganz gemieden. Seine auf das Jahr 1807 datierte Bekehrung zu dieser Form ist der Auftakt des Alterswerks. Goethe ist zu dieser Zeit berühmt, fast schon ein lebendes Denkmal.

Mit der Stimme des Mädchens, das in dem würdevollen Antlitz dieses Monuments nach den »Lebenszeichen« der Zuneigung sucht, fragt zugleich der Dichter sich selbst, was denn aus ihm geworden sei. Ist sein Ich zur Maske des Dichterfürsten erstarrt? Zeigt sich sogar das Steinbild noch »milder« als er, den es abbildet? Dient ihm nicht längst der

Ruhm als Schild, hinter dem er sich unter dem Vorwand, Feinde abzuwehren, auch vor den Freunden und der Freundin verbirgt? Das Mädchen spricht von Kälte, Marmor, Unnahbarkeit, in der gewünschten »Offenheit« des Freundes moniert es die vorhandene Verschlossenheit. In all dem schwingen die romantischen Einwände gegen das Klassische mit. Das Mädchen, das so spricht, ist nicht Gretchen, sondern eher die Braut des Novalis, deren früher Tod das Leben dem Unendlichen geöffnet hat. Sie küßt des Klassikers marmornes Ebenbild, weil sie will, daß er eifersüchtig wird und dabei auch seine statuarische Würde fortwirft. Eifer und Sucht sind antiklassische Verhaltensweisen.

Der Dichter enthält sich der Stimme. Da hat er es fast gut: Nicht er, sondern »das Mädchen spricht«. Eine Zeitgenossin witterte in dieser Artigkeit den Hauch eines Plädoyers für die weibliche Emanzipation. Daß da irgend etwas nicht stimmt, verrät uns der dritte Vers des zweiten Quartetts: »Ich suche dich, du suchst mir zu entweichen«; – der obligatorische jambische Fünftakter gerät plötzlich aus den Fugen. Eine schroffe Zäsur fällt in den zweiten und dritten Takt: »dich, du suchst«, das sind plötzlich drei Hebungen hintereinander, wo doch in der Regel Hebung auf Senkung folgt. Die rhythmische Turbulenz versinnlicht den Zwist zwischen Mädchen und Dichter. Indem dieser Zwist sogar den Rhythmus des Verses stört, erscheint die Liebesnot wiederum zugleich als Kunstproblem. Der nächste Vers reflektiert diese Themenverbindung ausdrücklich. So wie das Sonett die rhythmische Störung überstanden hat, so soll auch der Geliebte standhalten, das heißt hier: nicht vor dem Suchenden fliehen. Der Klassiker, der zur Marmorbüste geworden ist, hat Angst vor dem Lebendigen.

Das letzte Terzett enthält die Quintessenz, auf die das Gedicht zugesteuert ist: den Kuß auf den toten Stein. In dem Bild wird die Ambivalenz der klassischen Selbstgenügsamkeit so augenfällig wie die nicht erwiderte Leidenschaft. Die Themen Liebe, Tod und Kunst erscheinen eng umschlungen. Es ist ein Judaskuß ohne Jesus. Verraten wird dabei der Verräter selbst, der Verräter der Liebe. Da es in seiner kalten Vollendung mit der Klassik sympathisiert, ist das Sonett ein Teil des Verrates. Der Kuß des Mädchens gilt also auch ihm. Eine diabolische Galanterie.

GEGENWART

Alles kündet dich an!
Erscheinet die herrliche Sonne,
Folgst du, so hoff ich es, bald.

Trittst du im Garten hervor,
So bist du die Rose der Rosen,
Lilie der Lilien zugleich.

Wenn du im Tanze dich regst,
So regen sich alle Gestirne
Mit dir und um dich umher.

Nacht! und so wär es denn Nacht!
Nun überscheinst du des Mondes
Lieblichen, ladenden Glanz.

Ladend und lieblich bist du,
Und Blumen, Mond und Gestirne
Huldigen, Sonne, nur dir.

Sonne! so sei du auch mir
Die Schöpferin herrlicher Tage;
Leben und Ewigkeit ists.

Siegfried Unseld
Gelegenheit

Welch ein Meister! Da ist am 8. Dezember 1812 eine »Familientafel« bei Goethe; die Schauspielerin, Dem. Engels, spielt Gitarre und singt. Caroline Ulrich berichtet, ihr Bericht wird von Kanzler Müller bestätigt, daß Goethe bei einem Lied die Melodie, jedoch nicht den Text schätzte, »in Folge dessen Goethe von einem auf dem Tische befindlichen an ihn gerichteten Brief eine Hälfte abriß und zum Aufschreiben des umstehenden Gedichtes sofort verwandte«. Goethe schrieb den Text »Herrn von Matthisson« zu, einem Lieblingsdichter der Zeit, er stammte aber von Hermann Wilhelm Franz Ültzen, einem poetisierenden Hauslehrer aus Celle; durch Goethes Palinodie, einen dichterischen Widerspruch, ist auch er in die Literaturgeschichte eingegangen.

Bei Ültzen lautet die erste Strophe: »Namen nennen dich nicht. Dich bilden / Griffel und Pinsel / Sterblicher Künstler nicht nach.« In einem Preislied störten Goethe die vielen Negationen. Statt »Namen nennen dich nicht« der sofortige Anruf: »Alles kündet dich an!« Statt des sterblichen Künstlers die unsterbliche Frau – ein Liebesgedicht. Goethes Inspiration schuf ein neues Gedicht: nur die daktylischen Hebungen und Senkungen und die Anzahl der Silben blieben gleich, für die Melodie passend. Ungereimte dreizeilige Strophen sind selten und selten bei Goethe anstelle der Reimbindung die Alliteration.

Woher kam so spontan der hohe Ton? Die zweite Strophe

läßt eine Vermutung zu: »So bist du die Rose der Rosen, /
Lilie der Lilien zugleich.« Das ist der Ton des Hohenlieds,
das Goethe zu übersetzen versucht hatte und an das er sich
in dieser Zeit erinnert: »...als dem Zartesten und Unnach-
ahmlichsten, was uns vom Ausdruck leidenschaftlicher, an-
mutiger Liebe zugekommen«. »Ladend« und »lieblich« ist
die Adressatin von Goethes Gedicht. Wir kennen sie nicht.
War es vielleicht Demoiselle Engels, die Goethe einige Tage
später zu sich rief, um ihr das Gedicht vorzulesen? »Von
Gedichten aus der Luft gegriffen, halte ich nichts.«
Goethe nahm sein Augenblicksprodukt in den zweiten
Band der Cotta-Ausgabe von 1815 auf. Hier gab er ihm den
Titel »Gegenwart«. Was ist diese Gegenwart? Nicht die po-
litisch-aktuelle. Während die Welt sich über Napoleons rus-
sisches Abenteuer verbreitete, reagierte Goethe eher lako-
nisch. Ahnte er, daß Napoleons Rückzug schon dessen
Niedergang bedeutete? Eine Woche nach der Niederschrift
des Gedichts, am 15. Dezember 1812, fuhr Napoleon auf
der Flucht durchs nächtliche Weimar; er ließ Goethe grü-
ßen; kein Wort darüber von und um Goethe. Das Aktuelle
ist für ihn nicht Gegenwart. Gegenwart – das ist anderes, das
ist der Augenblick mit seinem unendlichen Wert des Jetzt
und Hier, er ist »Repräsentant einer ganzen Ewigkeit«.
Dazu erhebt sich auch unser Gedicht, wenn es den Augen-
blick des Liebens als »Leben und Ewigkeit« denkt.
Noch eine Besonderheit: am 13. März 1816, »abends zehn
Uhr«, ein Jahr nach der Veröffentlichung, schreibt Goethe
das Gedicht noch einmal ab und schickt es an Marianne von
Willemer. Freilich ändert er für diese Adressatin die dritte
Strophe des Gedichts. Vordergründig entsteht ein Rätsel:
der *Sängerin*, Dem. Engels, trug er die Metapher des *Tan-
zens* vor, Marianne, der früheren *Tänzerin*, die des *Singens*:

»Singst du dem himmlischen Dom, / Erklingen sogleich die Gestirne, / Mit dir und um dich umher!« Goethe wußte, Marianne und Jakob von Willemer sollten von dieser eher düsteren tänzerischen Vergangenheit befreit und Marianne an ihre Leistungen als Sängerin erinnert sein.

Für alle kommenden Buchausgaben jedoch behielt Goethe das spontane Bild des Tanzens und des Sich-Regens der Gestirne bei. Er brauchte diese Geste des Sich-Bewegens für dieses Gedicht, das so kunstvoll oszilliert zwischen den beiden Adressaten Sonne und Geliebte. In der zwölften Zeile, eine Zahl, die an den kalendarischen und chronologischen Wendepunkt, an Zenit wie auch an Mitternacht erinnert, bewegt sich das Gedicht zum »lieblichen, ladenden Glanz des Mondes« hin, doch danach wendet sich das Blatt, buchstäblich, wörtlich, wenn in der dreizehnten Zeile mit der gewendeten Alliteration »ladend und lieblich bist du« gleichsam der Glanz an den nun aufsteigenden Stern übergeht, bis in der letzten Strophe die Geliebte mit der Sonne ineinander verschmolzen und »Leben und Ewigkeit« beschworen sind. Dies »in Folge dessen« und »sofort«. »Alle meine Gedichte sind Gelegenheitsgedichte.« Ein Gelegenheitsgedicht. Welch ein Meister!

GEFUNDEN

Ich ging im Walde
So für mich hin,
Und nichts zu suchen,
Das war mein Sinn.

Im Schatten sah ich
Ein Blümchen stehn,
Wie Sterne leuchtend,
Wie Äuglein schön.

Ich wollt es brechen,
Da sagt' es fein:
Soll ich zum Welken
Gebrochen sein?

Ich grubs mit allen
Den Würzlein aus,
Zum Garten trug ichs
Am hübschen Haus.

Und pflanzt es wieder
Am stillen Ort;
Nun zweigt es immer
Und blüht so fort.

Wolfgang Leppmann
Vollkommen in seiner Art

»Hübsch«, ist man beim Lesen dieser Zeilen versucht zu
sagen, obschon mancher bei »Blümchen« und »Äuglein«
und »Würzlein« die Lippen verziehen mag, denn das
Niedliche steht heute nicht hoch im Kurs. Aber sie stam-
men schließlich von Goethe, es wird also was dran sein.
Warum aber gerade dieses Gedicht von ihm anstatt eines
der vielen, in denen er uns jenen klaren »Denkanstoß«
gibt, den wir mittlerweile auch von der Lyrik zu erwar-
ten, ja zu fordern gelernt haben? Weil es zu den verhält-
nismäßig wenigen Gedichten der Weltliteratur gehört, die
einen alltäglichen, ohne weiteres nachvollziehbaren Vor-
gang auf so exemplarische Art schildern, daß er unver-
rückbar fixiert bleibt.
Ein Mann (kein Dichterfürst und kein Geheimer Rat, son-
dern einer wie du und ich) geht sorglos durch den Wald und
sieht eine Blume. Keine Rilkesche Rose, keine Bennsche
Aster, sondern irgendeine Feld-, Wald- und Wiesenblume.
»Die ist aber schön«, durchzuckt es ihn, »die muß ich ha-
ben!« Irgend etwas an der Blume – ihre Schönheit, ihre
Schutzlosigkeit, ihre »feine« Art – hält ihn jedoch zurück,
bis ein weiterer und höherer Impuls zum Zuge kommt. An-
statt sie zu pflücken, nimmt er die Blume mit und verpflanzt
sie in seinen Garten.
Wer hätte dies nicht erlebt, hätte nicht selber mal die Ver-
suchung verspürt, eine Blume oder einen Strauch oder ein
junges Tier, kurz: ein ihm wehrlos ausgeliefertes Lebewe-

sen zu »brechen«, nur um schließlich doch dem entgegengesetzten Drang zu folgen und es zu Hause weiterleben und -wachsen zu lassen? Ist in der Achse des Gedichts, in der Frage »Soll ich zum Welken / Gebrochen sein?« nicht das ganze Spannungsfeld zwischen Töten und Lebenlassen, zwischen Instinkt und Moral, zwischen nomadischer und seßhafter Kultur und auch zwischen gedankenlos zerstörerischer Jugend und bewahrendem Mannesalter umrissen? Wer so handelt, ist kein wilder Knab' wie im »Heidenröslein«, sondern ein Weiser. Für ihn ist die gute Tat zugleich auch die ästhetisch und pragmatisch richtige. Goethe wußte bereits, was wir noch zu lernen haben: die Natur belohnt nur den, der ihr mit Vernunft und Achtung begegnet.

In unscheinbarem, sprachlich und syntaktisch denkbar einfachem Gewand und mit einer Naivität, wie sie nur den großen Dichtern und auch ihnen nur im Alter gegeben ist, trägt er hier eine Wahrheit vor, die jenseits aller Denkanstöße angesiedelt ist. Hübsch? Gewiß. Das ist nicht belanglos, aber es ist nebensächlich; ein Gedicht kann, aber es muß nicht hübsch sein.

Nebensächlich ist freilich auch all das, was hier an Schulerinnerungen aufsteigt, von der metrischen Dimension (jambischer Kurzvers mit abwechselnd weiblichen und gereimten männlichen Endungen) über die musikgeschichtliche (es gehört zu den am häufigsten vertonten Gedichten von Goethe) zur autobiographischen (am 26. August 1813 niedergeschrieben, ein Vierteljahrhundert auf den Tag, an dem der Dichter seine Christiane »gefunden« hatte). Das alles ist Beiwerk, Hilfsmittel zur Analyse und Datierung eines Gebildes, das ihrer nicht bedarf. Eines Gebildes, in dem Wort und Gedanke, Bild und Symbol einander so zwanglos ent-

sprechen, daß es außerhalb aller Literaturperioden und Ge-
schmacksrichtungen weiterlebt: vollkommen in seiner Art,
auch wenn diese nicht mehr die unsere ist.

VERSUNKEN

Voll Locken kraus ein Haupt so rund! –
Und darf ich dann in solchen reichen Haaren
Mit vollen Händen hin und wider fahren,
Da fühl ich mich von Herzensgrund gesund.
Und küß ich Stirne, Bogen, Auge, Mund,
Dann bin ich frisch und immer wieder wund.
Der fünfgezackte Kamm, wo sollt er stocken?
Er kehrt schon wieder zu den Locken.
Das Ohr versagt sich nicht dem Spiel,
Hier ist nicht Fleisch, hier ist nicht Haut,
So zart zum Scherz, so liebeviel!
Doch wie man auf dem Köpfchen kraut,
Man wird in solchen reichen Haaren
Für ewig auf und nieder fahren.
So hast du, Hafis, auch getan,
Wir fangen es von vornen an.

Helmut Koopmann
Liebevolle Äußerlichkeiten

Das ist gewiß kein leidenschaftliches Liebesgedicht. Nichts als Äußerlichkeiten, die uns da präsentiert werden. Wir lesen nur vom Lockenkopf, von Stirn und Augenbraue, Auge Mund und Ohr und wieder vom Kraushaar; kein Tiefsinn und keine Liebeserklärung, kein kosendes Geflüster und kein Geseufze, kein Gerede von Einzigartigkeit und Unverbrüchlichkeit und kein verliebtes Gestammel. Wir haben vielmehr eine vollkommen stumme Szene vor uns. Ein Köpfchen wird »gekraut«, ein wiederholter Kuß – das reicht zur momentanen Seligkeit. Ein bescheidenes Glück, das sich hier präsentiert, aber der Dichter ist's zufrieden, mehr noch: er will gar nicht mehr. Dieses »von Herzensgrund gesund« ist gegen die Liebeskranken, die sehnsüchtig Leidenden, gegen Liebesraserei und die vor Liebe Sterbenden angeschrieben. Der hier spricht, hat nicht mehr zu sagen. Denn er »fühlt« ja nur, und Hafis wird bloß im Geiste angeredet. Ein Selbstgespräch also, und nur so erfahren wir von diesem lautlosen, sprachlosen Liebesspiel, in das der Dichter versunken ist.

Doch ist es wirklich sprachlos? Trotz allen Schweigens nicht, denn da wird in einer anderen Sprache gesprochen als in der, in der wir reden. Die Hände teilen mit, was sie zu sagen haben, und statt der Liebesschwüre für alle Ewigkeit, an die am Ende doch niemand glauben mag, sagen sie die Wahrheit: »für ewig« möchten sie mit den Haaren spielen, »liebeviel«, wie Goethe es in seiner kühnen Sprache nennt.

Der Kuß noch dazu, aber vor allem und immer wieder das Spiel der Finger: das ist genug.

Das alles klingt nach leichter Tändelei, nach einer amourösen Idylle, gleichsam im Vorübergehen erlebt. Von Spiel und Scherz ist die Rede; Leidenschaft und Tragik sind gar nicht erst eingelassen, eine Dutzendszene tut sich auf, und die Harmlosigkeit des Liebesgeschehens muß auch den moralischen Tugendbold und strengen Sittenwächter entwaffnen, zumal Hafis, das persische Dichtervorbild, ähnliches (ungestraft) getan hat. Wir erfahren bei alledem so gut wie nichts über die Geliebte, lose Formeln ersetzen das Unverwechselbare und Einmalige. Stirne, Bogen, Auge, Mund, ein Menschenantlitz also, aber auch nicht mehr, kein Name und keine Geschichte, keine Vergangenheit und eine Zukunft, die immer nur, bestenfalls, wiederholte Gegenwart ist.

Aber wer vergeblich Tiefsinn sucht oder das Einzigartige vermißt, verkennt das Gedicht gründlich. Das stumme und doch so beredte Spiel der Hände, der Kuß auf Stirne, Bogen, Auge, Mund sind die Wirklichkeit, und diese genügt sich selbst. Es ist die Erfahrung vollkommenen Glücks, die hier beschrieben ist. Die Zeit steht still, der Wunsch Fausts am Ende seines Daseins, als er seine Vision für Wirklichkeit nimmt, dieses »Verweile doch, du bist so schön«, hier scheint er dem Liebenden erfüllt. Die liebkosende Bewegung wiederholt sich beständig, kann gar nicht ans Ende kommen – und die Sprache, sensibelstes Medium dieser Erfahrung, teilt uns das auch mit. »In solchen reichen Haaren mit vollen Händen hin und wider fahren«: Die Zeilen wiederholen sich fast wörtlich am Ende des Gedichts und bringen durch das »für ewig« doch etwas von der zeitüberwindenden Macht der Liebe

hinein, ohne alles Pathos. Ein sehr verhaltenes Liebesge-
dicht, aber ein unbedingtes; vielleicht sogar ein vollkomme-
nes. Goethe schrieb es um 1815.

SELIGE SEHNSUCHT

Sagt es niemand, nur den Weisen,
Weil die Menge gleich verhöhnet,
Das Lebendge will ich preisen,
Das nach Flammentod sich sehnet.

In der Liebesnächte Kühlung,
Die dich zeugte, wo du zeugtest,
Überfällt dich fremde Fühlung,
Wenn die stille Kerze leuchtet.

Nicht mehr bleibest du umfangen
In der Finsternis Beschattung,
Und dich reißet neu Verlangen
Auf zu höherer Begattung.

Keine Ferne macht dich schwierig,
Kommst geflogen und gebannt,
Und zuletzt, des Lichts begierig,
Bist du, Schmetterling, verbrannt.

Und solang du das nicht hast,
Dieses: Stirb und werde!
Bist du nur ein trüber Gast
Auf der dunklen Erde.

Gert Ueding
Stirb und werde!

Um zu diesem Gedicht im West-östlichen Divan zu gelangen, muß man sich erst einen Weg durch die Gelehrsamkeit bahnen, die davor aufgetürmt wurde. Das vielleicht schwierigste Gedicht Goethes hat Konrad Burdach es genannt, und kaum ein Interpret, der nicht seinen Ehrgeiz darein gesetzt hätte, seine Wurzeln bis in die feinsten Verzweigungen der orientalischen Metaphysik zu verfolgen. Deren Vorstellung, daß Tod und Untergang zugleich Wiedergeburt eines höheren Lebens ist, war Goethe freilich von Jugend an vertraut, und sie hat in seinem Leben eine so wichtige Rolle gespielt, daß alle entscheidenden Krisen und Umbrüche darin ebenso wie in der Entwicklung seiner Kunstfiguren (ob Faust, Egmont, Orest oder Iphigenie) in diese Denkfigur gefaßt werden.

Doch provozierend wirkt das Gedicht auch ganz unmittelbar und schon mit den ersten Versen, welche die Exklusivität der Erfahrung betonen, die ihm zugrunde liegt. Die kryptischen Bilder und paradoxen Sentenzen der folgenden Strophen, kulminierend in dem ehemals vielzitierten »Stirb und werde«, bringen ja eine Lebenshaltung zum Ausdruck, die unsere gewöhnlichen Vorstellungen von Tod und Leben verkehrt, indem sie das Sterben zur Bedingung des Lebens macht. Das rührt an die tabuisierten Zonen unseres Denkens, obgleich doch jede Liebeserfahrung einen ganz analogen Verlauf nimmt. Höchster und flüchtigster Genuß zugleich; Erfüllung, aber nur für den Moment, der Ankunft und Abschied in einem ist. Schon die einfache und liedhafte Form des ganzen Gedichts deutet auch darauf, daß es sich dabei eigentlich um eine ganz einfache, nämlich elementare Erfahrung handelt, wenn sie auch verschüttet ist und daher fremd, verstörend wirkt bei ihrer Wiederkehr.

Nur zwei Möglichkeiten bleiben uns, darauf zu reagieren: eilige Abwehr oder die Umwendung selber zu proben, die das Gedicht vollzieht – auch auf die Gefahr hin, daß dann die täuschenden Verwahrungen und Ausflüchte vor dem Tode, denen wir uns gerne hingeben, an Wert verlieren. Der Augenblick, der alles erfüllt, »das ist der Tod«, sagt Prometheus in Goethes frühem Dramenfragment, und ein Vorgefühl davon kommt für ihn auch im Moment des höchsten Genusses, der Liebeserfüllung zum Ausdruck. Das Divangedicht nimmt beide Erfahrungen wieder auf, läßt die eine in der anderen sich widerspiegeln und deutet sie durch das alte Vergänglichkeitsemblem der niederbrennenden Kerze. Das Lebendige, im Genuß der Liebe gleich wie im Genuß des Lebens sich selbst verzehrend, geht nicht nur wie Phönix verjüngt aus der Asche seiner alten Erscheinung hervor, sondern verlangt nach höherer Erfüllung, unbeschränkter, lichtvoller, reiner als die vorherige war.

Im Bilde des Schmetterlings, der in die Kerzenflamme fliegt, kommt diese Gedankenbewegung zu einem vieldeutigen Abschluß. Die Sehnsucht zum Licht macht den Tod des Schmetterlings; indem sie gestillt wird, verzehrt die Flamme sein Dasein; die Vereinigung mit ihr ist sein Tod. Ist damit aber die Grenze erreicht, über die hinaus kein Verlangen mehr treibt, weil alles licht geworden ist im Augenblick dieser, der letzten Vereinigung? Jener selige Augenblick wäre dann auch zugleich der wirklich erfüllte, dem keine Zeit mehr etwas anhaben kann und der die Vollendung brächte.

»Vollendung« hatte das Gedicht auch einmal heißen sollen, Goethe hat diese Überschrift aber dann verworfen, wohl auch der Schlußstrophe wegen, die mit ernüchternder Geradheit dem Blick vom Sehnsuchtsbilde weg aufs unvollkommene Dasein zwingt: eine Abkühlung des zuvor so kunstvoll erzeugten Überschwangs und damit die poetische Probe auf die in der zweiten Strophe ins Paradox verschlüsselte Liebeserfahrung. Die Vertreibung aus dem poetischen Bildersaal ins empirische Dasein und in die Tätigkeit des Lebens ist dabei eine ebenso charakteristische Wendung Goethes wie die Vorstellung vom menschlichen Entwicklungsgang als einer stetigen Vervollkommnung im Wechsel von Werden und Vergehen. Gewiß ist gerade dieser Bildungsgedanke von der Pädagogik und Popularphilosophie des 19. Jahrhunderts bis zur Unerträglichkeit trivialisiert worden, im Divangedicht aber tritt er in seiner ganzen existentiellen Ernsthaftigkeit – seiner Exklusivität eben – hervor.

Denn »Dieses: Stirb und Werde!« bedeutet ja eine unerhörte Zumutung: die Aufforderung, das Leben wirklich daran zu setzen, in der Furcht des Todes so zu erzittern, daß alles Dasein wie aufgelöst ist, jenes Selbstopfer also, das ein weiterer alter Überschriftenentwurf dem Gedicht vorschreiben wollte. Es ist das Grundmotiv aller tragischen Situationen, und es bedarf dazu wirklich nicht, wie Goethe an anderer Stelle ausführt, Gift oder Dolch, Spieß oder Schwert. Zu neuer Bildung und Formung, zur Wiedergeburt führt der Weg nur durch den apokalyptischen Untergang des Alten – es gibt nichts, was ferner von aller Erbauung und näher an der bedrängendsten Erfahrung des Lebens wäre als diese selige Sehnsucht.

WINK

Und doch haben sie recht, die ich schelte:
Denn, daß ein Wort nicht einfach gelte,
Das müßte sich wohl von selbst verstehn.
Das Wort ist ein Fächer! Zwischen den Stäben
Blicken ein Paar schöne Augen hervor.
Der Fächer ist nur ein lieblicher Flor,
Er verdeckt mir zwar das Gesicht,
Aber das Mädchen verbirgt er nicht,
Weil das Schönste, was sie besitzt,
Das Auge, mir ins Auge blitzt.

Walter Hinck
Aug in Auge

Diese Verse stehen im »Buch Hafis« des »West-östlichen Divans«, einer der großen Altersdichtungen Goethes. »Wink« schließt an das Gedicht »Offenbar Geheimnis« an, das gegen eine orientalische Auslegungstradition Einspruch erhebt, die Hafis, den persischen Dichter des vierzehnten Jahrhunderts, nach strenger islamischer Lehre als »mystische Zunge« kanonisiert. Goethe, von der Einheit der geistigen und der sinnlichen Existenz des Menschen überzeugt, mußte hadern mit Interpreten, die beispielsweise im Liebesmotiv des Hafis ausschließlich die allegorische Verweisung auf die Liebe zu Gott wahrhaben wollten.

Den Gescholtenen räumen zunächst die drei ersten Verse das Selbstverständliche ein: der Sinn des dichterischen Worts liegt nicht – wie in unserer Verkehrssprache – schon an der Oberfläche. Goethes eigene Antwort in der Streitfrage entwickelt sich aus dem Bild des Fächers, das selbst schon den Facettenreichtum des dichterischen Wortes aufleuchten läßt. Und die außerordentliche Filigranarbeit Goethescher Verskunst wird sichtbar, wenn in diesem paarweis gereimten Zehnzeiler an einer Stelle das Reimecho ausbleibt: genau an der Nahtlinie zwischen dem kleinen Prolog, der an das »Offenbar Geheimnis« anknüpft, und dem eigentlichen Gedicht. Die Bruchstelle wird auch in der Klanggestalt, also für Leser und Hörer sinnlich wahrnehmbar.

Wenn in »Wink« vom dichterischen Wort die Rede ist, so

immer zugleich vom Wort des Liebenden oder doch für den Liebenden. Denn nicht zufällig ist es das dem »Buch Hafis« folgende »Buch der Liebe«, in dem sich ein geheimes Motto des »West-östlichen Divans« verbirgt: »Wunderlichstes Buch der Bücher / Ist das Buch der Liebe.«

Das dichterische Wort, so deutet die Metapher des Fächers an, hält nicht ein genaues Spiegelbild fest; es verschleiert sogar das Beiläufige, Minderwichtige und richtet alle Konzentration auf die lebendige Mitte. Die lebendige Mitte, das sind hier die Augen, die Augen als der Ort unmittelbarer Begegnung der Liebenden.

»Das Auge war vor allen anderen das Organ, womit ich die Welt faßte«, sagt Goethe in »Dichtung und Wahrheit«. In unserem Gedicht sammeln die »schönen Augen« die Welt im kleinen, die Welt des menschlichen Individuums, wie in einem Brennpunkt und machen sie für das antwortende Auge faßbar, erhellen sie im »Blitz«, lassen »Geheimnis« »offenbar« werden.

Nirgendwo spiegelt sich, was die »Noten und Abhandlungen« zum »West-östlichen Divan« das Hinundherwogen »zwischen dem Sinnlichen und Übersinnlichen« nennen, so sehr wie im Auge. Seine Sprache bleibt körperliche, mimische Sprache und ist zugleich spontanes Sprechen der Seele, Sich-Öffnen zu einem – mit den »Noten« zu reden – »höheren geistigen Leben«.

Das elementare Ereignis im Gedicht (das Auge blitzt ins Auge) spielt sich durch den Fächer, durch das dichterische Wort hindurch ab. Das Wort wird also nicht als ein monologisches, sich selbst genügendes, sondern als ein vermittelndes Wort verstanden. Immer wieder geht es im »West-östlichen Divan« um das Verhältnis von »Liebe« und »Lied«. Geradezu gegenwärtig wird dem Dichter die Geliebte im

Gedicht: Ist sie verschwunden, heißt es in »Abglanz«, »Dann blick' ich in meine Lieder, / Gleich ist sie wieder da«. Die Dichtung vermittelt eine geradezu sinnliche Wahrnehmung der Geliebten. Diese vergegenwärtigende Kraft hat das dichterische Wort auch in »Wink«.

Wie immer wir das Gedicht wenden – als Dichtung über das dichterische Wort ist es zugleich Liebesdichtung, als Liebesgedicht zugleich Lob des schönen Auges, als Lob des Auges zugleich Hinweis auf die Öffnung des Sinnlichen zum Geistig-Übersinnlichen. Ein Gedicht, das Dichtung und Dichtungslehre nie aus den Zusammenhängen des Lebens löst und doch Poetik zu reiner Poesie werden läßt. Verse – heute lebendiger als im neunzehnten Jahrhundert, das dem Klassiker den gelösten Ton des »West-östlichen Divans« nicht verzieh.

ES IST GUT

Bei Mondeschein im Paradeis
Fand Jehova im Schlafe tief
Adam versunken, legte leis
Zur Seit ein Evchen, das auch entschlief.

Da lagen nun, in Erdenschranken,
Gottes zwei lieblichste Gedanken. –
Gut!!! rief er sich zum Meisterlohn;
Er ging sogar nicht gern davon.

Kein Wunder, daß es uns berückt,
Wenn Auge frisch in Auge blickt,
Als hätten wirs so weit gebracht,
Bei dem zu sein, der uns gedacht.
Und ruft er uns, wohlan, es sei!
Nur, das beding ich, alle zwei.
Dich halten dieser Arme Schranken,
Liebster von allen Gottes-Gedanken.

Eckart Kleßmann
Gottes Gedanken

»Kund und zu wissen jedermann, den es zu wissen freut, daß ich in Erfurt 7½ Uhr, in Gotha 11 Uhr, Eisenach 3 Uhr eingetroffen. Daß mich unterwegs sogleich die guten Geister des Orients besucht und mancherlei Gutes eingegeben, wovon vieles auf das Papier gebracht wurde«, schrieb Goethe am 24. Mai 1815 an seine Ehefrau Christiane. Zum »mancherlei Gutes« gehörte auch dieses Gedicht, das ursprünglich »Gottesgedanken« überschrieben war.
Am 7. August des Jahres trug es der Dichter in Wiesbaden Sulpiz Boisserée vor, der in seinem Tagebuch notierte: »Abends las mir Goethe wieder einen Teil aus seinem Divan, worunter das schönste *Adam und Eva,* wie der Schöpfer sie macht und seine Freude an ihnen hat – er legt dem schlafenden Adam die Eva an die Seite und möchte dabei stehen bleiben! – Ein Bildchen, eine Idylle, von der schönsten reinsten Naivität und wieder der höchsten Größe –, machte mir den Eindruck wie das beste plastische Werk der Griechen.«
Diese poetische Paraphrase der Schöpfungsgeschichte ist eines der anmutigsten Liebesgedichte der deutschen Sprache. Unsere Liebeslyrik ist ja selten als heiter und anmutig zu charakterisieren, selten humorvoll. Und wie jeder Poet weiß, ist kaum etwas so schwer in Worte zu kleiden. In diesem Meisterwerk Goethes, das zu seinen unbekanntesten gerechnet werden darf, waltet ein fast übermütiger Ton, in der Musik mit *Allegretto grazioso, un poco giocoso* zu überschreiben.

Der Mensch als ein gestaltgewordener Gedanke Gottes –
»lieblichster« sogar – ist jedem Liebenden vertraut, denn ist
der oder die Geliebte nicht ein Wesen aus dem Paradies,
vollkommen wie am Tag der Schöpfung? Muß ich, die
Geliebte im Arm, nicht denken, Gott habe, als er sie schuf,
sich mit dreifachem Ausrufezeichen bestätigt? Hat ER denn
jemals Schöneres, Kostbareres erschaffen? Natürlich
nicht.

Beim Erwachen dem geliebten Menschen ins Auge zu se-
hen, wer wüßte es nicht, ist ein ganz unmittelbares Erfahren
göttlicher Präsenz, so göttlich wie das geistige und körperli-
che Einssein in der Zweiheit (ein zentrales Thema Goethes),
das noch im Tode unverzichtbar sein sollte.

»Liebster von allen Gottes-Gedanken« – kann ich meiner
Geliebten noch schöner huldigen? Nirgendwo ist Gottes
Allgegenwart uns näher, als wenn wir lieben und das ge-
liebte Wesen als Gottesgeschenk empfinden, nirgends of-
fenbart sich Gottes Güte tiefer als in der Liebe zweier
Menschen. Die Vorstellung, der oder die Geliebte sei eine
Verkörperung von Gottes liebsten Gedanken, ist an Zärt-
lichkeit kaum zu übertreffen. »Liebster von allen Gottes-
Gedanken« ist auch unausgesprochen die heimliche Anrede
jedes Liebesbriefes.

Goethe, der große Liebende, hat dies Gedicht geschrieben,
ehe ihn die Begegnung mit Marianne von Willemer erschüt-
terte, ehe ihn die Liebe zur blutjungen Ulrike von Levetzow
verstörte; sie beide gleichfalls »Gottes zwei lieblichste Ge-
danken«, die aber beide »dieser Arme Schranken« nicht
festhalten durften.

Von Marianne über so manche »Äugelchen« hin zur letzten
Liebe seines Alters: Ulrike. Rainer Maria Rilke, ein Goethe-
Leser wie wenige, schrieb 1914 seinem Verleger Anton Kip-

penberg, er habe sich zu Weihnachten die 55 Bände der Goethe-Ausgabe letzter Hand geschenkt: »Da fang ich nun an, mich als Eigentümer drin zu benehmen, und entdecke Wege, Sitzplätze, Brunnen, Wasserkünste und Labyrinthe, daß es seine Lust hat.«

Ein solches Brünnlein wie dies Gedicht kann man dabei auch entdecken und nach seinem Genuß gar nichts anderes als »Gut!!!« rufen.

HATEM

Nicht Gelegenheit macht Diebe,
Sie ist selbst der größte Dieb;
Denn sie stahl den Rest der Liebe,
Die mir noch im Herzen blieb.

Dir hat sie ihn übergeben,
Meines Lebens Vollgewinn,
Daß ich nun, verarmt, mein Leben
Nur von dir gewärtig bin.

Doch ich fühle schon Erbarmen
Im Karfunkel deines Blicks
Und erfreu' in deinen Armen
Mich erneuerten Geschicks.

SULEIKA

Hochbeglückt in deiner Liebe,
Schelt' ich nicht Gelegenheit;
Ward sie auch an dir zum Diebe,
Wie mich solch ein Raub erfreut!

Und wozu denn auch berauben?
Gib dich mir aus freier Wahl;
Gar zu gerne möcht' ich glauben –
Ja, ich bin's, die dich bestahl.

Was so willig du gegeben,
Bringt dir herrlichen Gewinn,
Meine Ruh', mein reiches Leben
Geb' ich freudig, nimm es hin!

Scherze nicht! Nichts von Verarmen!
Macht uns nicht die Liebe reich?
Halt' ich dich in meinen Armen,
Jedem Glück ist meines gleich.

Gerhard Schulz
Freie Liebe

Über das Wunder des »West-östlichen Divans« hat man viel gestaunt. Daß jemand alt sein und sich wie ein Junges verlieben kann, geschieht wohl schon hin und wieder. Aber darüber mit Geschmack, Kunst und Sinn so zu reden, daß das Gesagte immer schöner wird, je öfter man es liest – das verdient mit Recht das Lob, einzigartig zu sein. Denn die Schwierigkeiten, über Liebe zu schreiben, sind gerade für den vielgeübten Dichter beträchtlich. Worte nutzen sich ab wie Münzen, die lange schon im Verkehr gewesen sind und deren Wert man kaum noch erkennen kann. So entsteht das Bedürfnis nach neuer Prägung, nach neuem Ausdruck des Empfundenen.

Man weiß, daß Goethe sich damals, Anfang des neunzehnten Jahrhunderts, von dem Zeitinteresse an orientalischer Literatur beeindrucken ließ, mit persischen Formen der Poesie zu experimentieren anfing und sich schließlich gar den Mantel eines orientalischen Poeten umhängte. Dieser Hatem spricht denn also hier und macht es den Vorbildern gewandt und geistreich nach. Ein altbekanntes Sprichwort – »Gelegenheit macht Diebe« – wird hergenommen und kunstvoll, ja raffiniert gedreht und gewendet zu einem Liebesbekenntnis mit galanter Pointe. Der höfische Topos vom Geliebten, der sein Selbst verliert, um es in der Geliebten wiederzufinden, ist zu erkennen, und den Schluß bildet das Kompliment für die einsichtig-huldvolle Frau in Dankbarkeit für ihr Entgegenkommen. Ein klug arrangiertes, elegant gebotenes poetisches Spiel.

Nun ist jedoch Liebe kein Spiel, wo sie das Innerste zweier Menschen trifft. Auch Kunst ist es nicht, denn ohne Wahrheit ist sie nur eitler Schein. Aber in der Kunst wie in der Liebe ist das Spiel der Phantasie nötig, um das sonst Unfaßliche faßbar, das Unsagbare sagbar zu machen. Kosenamen, Kostümierungen, Bilder und Topoi haben darin ihren Ursprung.

In diesem Sinne ist vom Ernst des Empfindens durchaus etwas in Hatems Strophen herauszuhören. Der »Rest der Liebe« gibt für einen Moment den Blick frei hinter die geistreiche Erscheinung dieser Verse. Denn freigebig muß jener in der Jugend geliebt haben, dem nun im Alter nur noch ein Rest geblieben zu sein scheint. Das Gefühl freilich überwältigt das geschickt gesuchte Wort, wenn der »Rest« dann erhoben wird zu des »Lebens Vollgewinn« – eine Formel, suggestiv und reich, die Liebeskraft und Sprachmeisterschaft in einem kundgibt.

Auch das »erneuerte Geschick« empfängt sein Leuchten erst jenseits des Höfisch-Galanten, denn Geschick ist Dasein, ist Existenz, also das Ernsteste, wovon sich reden läßt. Fast hat es den Anschein, als ob der Mann sich zunächst ein wenig scheu im Kostüm verberge. Kann es sein, daß er, der Alternde, sein Glück noch nicht zu glauben wagt und sich im Geistreichen eine Ausflucht und vielleicht die Möglichkeit zur Zurücknahme lassen möchte, wenn er im Karfunkelblick der Liebsten falsch gelesen hätte?

Bedenken dieser Art, wenn sie existierten, setzt die Geliebte beiseite, großzügig und frei, wie Frauen sein können. Gewiß, sie geht zwar selbst noch einmal auf das Spiel mit Worten ein, aber doch nur, um es aufzuheben: »Scherze nicht! Nichts von Verarmen!« Keine Galanterie soll mehr gelten, die nur die Ungleichheit der Liebenden betonte, kein personifizierter Begriff mehr agieren, wo Suleika selbst die »Diebin« sein möchte. Es ist ein bedeutendes Bekenntnis, das eine Frau mit diesen Versen ausdrückt, ganz im Menschlichen angesiedelt, heiter und ernst zugleich, ja wahrhaft emanzipiert. Denn keine Liebe der Unterwerfung hat sie zu geben, sondern im vollen Selbstbewußtsein ihre ganze Existenz. Freie Liebe im wörtlichsten Sinne.

Man weiß, daß Suleikas Verse von Marianne von Willemer herrühren. Was Goethe an ihnen veränderte, bleibt uns unbekannt. Es gibt jedenfalls allen Grund, hier einen wahren und nicht nur einen fiktiven Dialog zu sehen und damit also in den Gegensätzen zwischen männlichem und weiblichem Bekenntnis etwas von der Psychologie der Geschlechter, wenn sie zueinander hingezogen werden.

Auch etwas über Spiel und Ernst, Scherz und tiefere Bedeutung des »West-östlichen Divan« wird dabei gesagt. Denn eine Art doppelter Maskerade herrscht in diesem Buch, eine absichtliche, willkommene, und eine unabsichtliche, wie sie Suleika hier bloßstellt. Willkommen war das orientalische Kostüm in Gestalten, Bildern und Formen nicht nur zum Verbergen irgendeiner Wirklichkeit, sondern weil sich dadurch Befreiung zu neuem Ausdruck erreichen ließ. Zum Unabsichtlichen hingegen gehört jene Scheu, die den Alternden sich einhüllen läßt in poetisches Spiel zwischen Selbstironie und tiefer Erschütterung. Die Geliebte erst bringt Hatem ganz zu sich selbst, und aus solcher Befreiungsaktion sind schließlich einige der schönsten Liebesgedichte in deutscher Sprache entstanden.

GINGO BILOBA

Dieses Baums Blatt, der von Osten
Meinem Garten anvertraut,
Gibt geheimen Sinn zu kosten,
Wie's den Wissenden erbaut.

Ist es Ein lebendig Wesen,
Das sich in sich selbst getrennt?
Sind es zwei, die sich erlesen,
Daß man sie als Eines kennt?

Solche Fragen zu erwidern,
Fand ich wohl den rechten Sinn:
Fühlst du nicht an meinen Liedern,
Daß ich Eins und doppelt bin?

Peter Härtling
Die Ferne in der Nähe

Als ich das Gedicht vom Gingo biloba zum ersten Mal las, hatte ich keine Ahnung, daß es Teil eines unvergleichlichen Zwiegesprächs ist, kannte ich den Zusammenhang nicht. Seine Botschaft aber erreichte mich, einen jungen, noch unkundigen Leser, der in einer Anthologie blätterte und nach Versen suchte, die ihn in seiner Unruhe bestärkten oder seinen ungenauen Wünschen antworteten. »Dieses Baums Blatt«, das ich mir nur nach Goethes Beschreibung vorstellen konnte – »in sich selbst getrennt« –, mußte er, der Schluß des Gedichts legte es nahe, einer geliebten Frau geschenkt, vielleicht einem Brief an sie beigelegt haben.

Inzwischen weiß ich, wie ein Ginkgo (den Goethe ohne das sich hart ins Wort kerbende »k« schreibt) aussieht und wem er das Blatt zugedacht hatte. Vor vierzehn Jahren setzte ich in unserem Garten eine winzige Rute, die sich mit der Zeit bis übers Dach streckte, doch nie zu einer Krone entschloß, sondern sparsam und schlank verzweigte.

Eines der Blätter, die das Bäumchen in seinem ersten Herbst abwarf, ein honiggelbes, bis in seine Mitte gespaltenes Herz, legte ich zwischen Seite 26 und 27 des Briefwechsels, den Goethe mit Jakob und Marianne Willemer führte. Marianne galten Gedicht und Blatt.

Goethe hatte sie noch als Demoiselle Jung, als Adoptivtochter Willemers, kennengelernt, eine in Musik und Tanz ausgebildete, hellwache junge Frau. Er beobachtete sie, ihr Wesen entzückte ihn, und vermutlich hörte er, der in der

Nähe immer die Ferne einschloß, durchaus erleichtert, daß Willemer die um 24 Jahre jüngere, mit seinen Töchtern aufgewachsene Marianne zur Frau nehmen wolle. Sie heirateten, »ohne Frist und Aufgebot«, im September 1814.

Genau ein Jahr danach kam Goethe zu Besuch nach Frankfurt, wohnte bei den Willemers auf der Gerbermühle. Er war sechsundsechzig Jahre alt, doch er hatte sich, sichtbar nur für Marianne, in einen jungen Sänger verwandelt, in Hatem. Seit einiger Zeit schrieb er, angeregt durch die Beschäftigung mit dem persischen Poeten Hafis, an einem weiträumigen Gedichtzyklus, dem West-östlichen Divan. Das Buch Suleika lag vor ihm aufgeschlagen, nur fehlte Hatem noch seine Suleika.

Er fand sie in Marianne. »Nicht Gelegenheit macht Diebe, / Sie ist selbst der größte Dieb; / Denn sie stahl den Rest der Liebe, / Die mir noch im Herzen blieb.« Ahnte er, daß sie ihm antworten, daß ihre Liebe sie Verse finden lassen würde, die den seinen ebenbürtig waren, sie an Wärme und Hingabe noch übertrafen? »Hochbeglückt in deiner Liebe / Schelt ich nicht Gelegenheit; / Ward sie auch an dir zum Diebe, / Wie mich solch ein Raub erfreut.«

Goethe reiste weiter nach Heidelberg. Willemer, Marianne und Rosine Städel, eine der Töchter Willemers aus erster Ehe, folgten ihm für ein paar Tage. Marianne genoß Hatems Gegenwart, vergaß sich, verlor sich in seinen Erzählungen. Sie gingen viel spazieren. Auf dem Schloß zeigte er ihr den Ginkgo-Baum, erklärte ihr seine Herkunft, seine Eigenart, daß er aus dem Osten stamme und, obwohl er Blätter trage, mit den Koniferen verwandt sei.

Als sie Abschied voneinander nahmen, versprach er, auf dem Heimweg nach Weimar sie auf alle Fälle zu besuchen. Er unterließ es, Suleikas Anspruch fürchtend, auf Ferne bedacht, legte aber einem Brief, den er an Rosine adressierte, ein Ginkgo-Blatt und eben das Gedicht für sie bei und fand, »daß man am besten täte, etwas ganz Unverständliches zu schreiben, damit erst Freunde und Liebende einen wahren Sinn hineinzulegen völlige Freiheit hätten«.

Marianne erinnerte sich an die Gespräche, nahm sich die Freiheit und verstand, den »geheimen Sinn zu kosten«. Nichts anderes teilte ihr Hatem mit, als daß die Zweisamkeit Einsamkeit bedinge, und führte ihr es mit des Baumes Blatt anschaulich vor. Es ist eines und möchte sich teilen, mehr noch: trennen, um sich im Doppel als Ganzes zu verstehen. Aber könnte es nicht ebenso bedeuten, daß es sich von sich entferne? So weit will Hatem es nicht kommen lassen. Zwar fragt er: »Sind es zwei«, doch fügt er, sie – nicht sich – beschwichtigend, hinzu: »die sich erlesen, / Daß man sie als Eines kennt?« Die sich gewählt, die sich gefunden. Und den Widerspruch kann ohnedies nur Hatem lösen, indem er ihn aushält, in sich aufnimmt und auslebt: »Fühlst du nicht an meinen Liedern, / Daß ich Eins und doppelt bin?«

Er, nicht sie. So nahm er sie mit und ließ sie allein. Sie sahen sich nie mehr. Daß er auf Ferne bestand, wollte und konnte sie nicht wahrhaben. Suleika ersehnte Hatems Nähe: »Sag ihm nur, doch sags bescheiden, / Seine Liebe sei mein Leben, / Freudiges Gefühl von beiden / Wird mir seine Nähe geben.«

NACHKLANG

Es klingt so prächtig, wenn der Dichter
Der Sonne bald, dem Kaiser sich vergleicht;
Doch er verbirgt die traurigen Gesichter,
Wenn er in düstern Nächten schleicht.

Von Wolken streifenhaft befangen,
Versank zu Nacht des Himmels reinstes Blau;
Vermagert bleich sind meine Wangen
Und meine Herzenstränen grau.

Laß mich nicht so der Nacht, dem Schmerze,
Du Allerliebstes, du mein Mondgesicht!
O du mein Phosphor, meine Kerze,
Du meine Sonne, du mein Licht!

Renate Schostack
Verfinsterung der Seele

Das Gedicht, das in den meisten Anthologien fehlt, gehört nicht zu den perfekten Gebilden der Lyrik. Da rundet sich nichts; einer, der mit einer großartigen Gebärde anfängt, bleibt stecken; die Formfehler (ein fehlendes »bald«), die schlecht gebrauchten Wörter (»schleichen«, »Phosphor«) sind peinlich offenbar. Dennoch ist dies eines der interessantesten Poeme Goethes, hält es doch den Moment fest, da das Denkmal selbst vom Sockel steigt, der Dichter sich des orientalischen Maestro-Überwurfs entledigt.

»Nachklang«, im November 1815 für die Sammlung des »West-östlichen Divan« geschrieben, ist ein Abgesang auf Vergangenes. Zwei Monate zuvor hatte Goethe Marianne von Willemer in Heidelberg zum letztenmal getroffen. Man braucht nicht auf biographische Details einzugehen. Dennoch drängt sich der Vergleich mit dem Gedicht »An den Mond« auf, in dem das Titelwort vorweggenommen ist. Goethe hatte es einst an Charlotte von Stein geschickt. Auch dort Elegisches: »Jeden Nachklang fühlt mein Herz / Froh und trüber Zeit«. Dreißig Jahre liegen zwischen beiden Gedichten, die Stimmung hat sich verändert. Dort melancholische Sehnsucht; hier der blanke Schmerz.

Doch zunächst tritt der, der hier von sich in der dritten Person spricht, wie ein Großfürst der Dichtung auf. Die Draperie, dem Divan durchaus angemessen, rauscht. Er zitiert sich selbst: »Helios, der Große«, so hat er sich im unmittelbar vorher entstandenen Gedicht (»Hochbild«) genannt;

von des »Kaisers Orden«, den »Kaisergütern«, »unseres Daseins Kaisersiegel« war allenthalben viel die Rede gewesen. Jetzt liest man's anders. Das hochstilisierte Dasein birgt vornehm verborgenes Leid.

Aber dann fällt die Maske. Fast unmerklich stiehlt sich der Dichter hinaus aus der Divan-Welt, wo der »Schleier irdischer Liebe« angeblich »höhere Verhältnisse« verhüllt. (Dies schrieb Goethe über das Buch »Suleika« im »Morgenblatt für gebildete Stände«.) Zwar spiegelt sich der Zustand der Seele – die späte Lyrik vorwegnehmend – noch distanziert im Meteorologischen; doch das Bekenntnis kann nur in der ersten Person vorgebracht werden.

Diese vollkommene zweite Strophe fordert dazu auf, sich der Farbenlehre zu erinnern, wo Blau – eine der beiden »reinen« Hauptfarben – durch Licht aufgehellte Finsternis bedeutet. Indessen geht es nicht um Philosophisches in diesem Gedicht, nicht um den allgemeinen Kampf zwischen Licht und Finsternis, durch den der trübe Erdengast sich zur Persönlichkeit steigern muß. Diese Nacht kann nur das Licht der Liebe aufheben.

Weinend, blaß, abgemagert, ein Bild des Jammers, so wendet sich der zu Beginn herrscherlich Kostümierte an die Geliebte. Es ist ein Hilferuf, wie er ihn so unverhüllt in seiner ganzen Lyrik nirgends ausgestoßen hat. Daneben verblaßt der »Nachtgesang« zu bloßem Getändel (»O gib, vom weichen Pfühle, / Träumend, ein halb Gehör.«), und nur in Gretchens Gebet (»Ach, neige, / Du Schmerzensreiche, / Dein Antlitz gnädig meiner Not.«) spricht sich, dort freilich an eine überirdische Macht gerichtet, eine ähnliche Seelenlage aus. Die Verhältnisse haben sich umgekehrt: Die Sonne ist nicht mehr der Dichter, sondern die Geliebte. Sie erscheint in allen Intensitätsgraden des Lichts, mild und still leuchtend, verführerisch fluoreszierend, strahlend hell.

Der diese Verse an eine Einunddreißigjährige richtete, war übrigens sechsundsechzig Jahre alt. Und Marianne von Willemer hat er nie mehr gesehen.

VOLLMONDNACHT

Herrin, sag', was heißt das Flüstern?
Was bewegt dir leis die Lippen?
Lispelst immer vor dich hin,
Lieblicher als Weines Nippen!
Denkst du deinen Mundgeschwistern
Noch ein Pärchen herzuziehn?
    »Ich will küssen! Küssen! sagt' ich.«

Schau! Im zweifelhaften Dunkel
Glühen blühend alle Zweige,
Nieder spielet Stern auf Stern,
Und smaragden durchs Gesträuche
Tausendfältiger Karfunkel;
Doch dein Geist ist allem fern.
    »Ich will küssen! Küssen! sagt' ich.«

Dein Geliebter, fern, erprobet
Gleicherweis' im Sauersüßen,
Fühlt ein unglücksel'ges Glück.
Euch im Vollmond zu begrüßen,
Habt ihr heilig angelobet,
Dieses ist der Augenblick.
    »Ich will küssen! Küssen! sag' ich.«

Gert Ueding
Verborgen glühende Bedeutung

»Immer sehnt sich mein Herz nach deinen Lippen«, lautet die Hafiszeile in Mariannes Brief, welche Goethe zu seinem Gedicht inspirierte. Es trägt das Datum vom 24. Oktober 1815, dem Tag des ersten Vollmonds nach dem Abschied von Marianne Willemer, als die Liebenden jene Gedenkstunde verabredeten.

Die Konstellation des Gedichts ist klar erkennbar: ein Gespräch zwischen der Dienerin und ihrer Herrin, die sonst im »West-östlichen Divan« Suleika heißt, über Hatem, den fernen Geliebten, über das Unglück der Trennung und die Seligkeit der Erinnerung. Auch die Verabredung selber gibt keine Rätsel auf, ein Liebesspiel, das (ich weiß es gewiß) auch heute noch unter Liebenden seine Anhänger hat – ebenso wie die hübsche Mode der Chiffren-Briefchen, die Goethe und Marianne wechselten: harmlose Plaudereien auf der Oberfläche, und nur der wahre Adressat vermag die eigentliche, verborgen glühende Bedeutung zu entziffern.

Etwas von einer solchen »Geheimschrift« (das nächste Gedicht des »Buches Suleika« handelt ausdrücklich davon) haben auch diese Strophen – gerade durch ihre offensichtliche Harmlosigkeit. Die Dienerin ist zugleich Vertraute, sie weiß von der Verabredung ihrer Herrin, ihre Fragen nach der Ursache für Suleikas Entrückung wirken (auf jeden Fall von der letzten Strophe her gesehen) wie bloße Anspielungen auf das gemeinsame Geheimnis. Die Antwort läßt sie unbefriedigt, doch nicht, weil sie lückenhaft wäre, sondern weil

ihre Fragen einen ganz anderen Sinn haben. Ein Dialogge-
dicht bilden diese Verse nur auf den ersten Blick: die Worte
der einen haben die Aufgabe, die angemessene Umgebung
und Atmosphäre für die verzückte Rede der anderen zu
schaffen.

Das eigentliche Rätsel des Gedichts ist die von den Interpre-
ten so genannte Dienerin: Von ihr erfahren wir nur durch
die Anrede »Herrin, sag', was heißt das Flüstern?«. Doch
ist das schon genug, ihre Identität zu bestimmen, und ist
nicht auch im folgenden »Geheimschrift« genannten Ge-
dicht von der »Herrin« die Rede, doch unzweifelhaft so,
daß wir in dem Sprecher Hatem erkennen? Das Gedicht des
Hafis, in dem die Refrainzeile steht, ist ebenfalls ein Dialog
zwischen den beiden Liebenden, und wird nicht tatsächlich,
wer immer hier zu Suleika tritt, in Wahrheit zum Medium
des Geliebten? Und mag dann nicht, bedenkt man Autor
und Adressatin, bedenkt das Schlüsselspiel der Verse und
Briefchen, die hin und her gingen, eine andere und wirklich
gemeinsame Vollmondnacht hinter dieser auftauchen, in
den verabredeten Augenblick gleichsam einschießen, ihn er-
füllen?

So erklärte sich endlich jener Tempuswechsel in Suleikas
Refrain-Rede, der auch einen Adressatenwechsel andeutet.
»Ich will küssen! Küssen! sagt' ich« – das bezieht sich auf
Nachfrage und Anrede in den beiden ersten Strophen. »Ich
will küssen! Küssen! sag' ich« – das ist die Forderung des
Augenblicks an den Geliebten, das *carpe diem* setzt seine
Präsenz voraus. Derart wird die Vollmondnacht aufs neue
zur Liebesnacht, tauscht wenigstens die Gesichter mit ihr,
und die Vergangenheit steht in dem günstigen Moment wie-
der auf, der alle Bedingungen des einstigen Glücks erfüllt.
Warum aber dann nicht noch einen Schritt weitergehen und

die nächtliche Liebesbegegnung des Gedichts auf dem Hintergrund einer anderen Beschwörungsszene sehen, die in Goethes Werk bedeutsam ist? Ich meine die Beschwörung der Helena, die Faust auf ebensolche Weise entzückt und auf den Gipfelpunkt seines Liebesglücks führt, wie die Suleika des Gedichts Erfüllung findet durch die nächtliche Beschwörung des Geliebten. Im Drama wird die zeitliche Ferne aufgehoben im idealen Raum, im Gedicht schwindet die räumliche Entfernung im zeitenthobenen Augenblick. Die Adressatin wird auch diese Botschaft wohl verstanden haben.

Womit nun die »Vollmondnacht« zum Schlüsselgedicht des ganzen Zyklus wird, der schließlich in weiten Teilen und vollends im Liebesbuch »Suleika« verabredet wurde, oder genauer: Verabredung ist, im wörtlichen Sinne. Denn es befinden sich Gedichte von Marianne darunter, sie wetteifern glücklich mit den schönsten, die Goethe schrieb. So blieben sie verbündet und trafen sich, wann immer die Kunst Vollmond sein ließ.

LESEBUCH

Wunderlichstes Buch der Bücher
Ist das Buch der Liebe;
Aufmerksam hab ichs gelesen:
Wenig Blätter Freuden,
Ganze Hefte Leiden;
Einen Abschnitt macht die Trennung.

Wiedersehn! ein klein Kapitel,
Fragmentarisch. Bände Kummers,
Mit Erklärungen verlängert,
Endlos, ohne Maß.
O Nisami! – doch am Ende
Hast den rechten Weg gefunden;
Unauflösliches, wer löst es?
Liebende, sich wiederfindend.

Walter Helmut Fritz
Die Algebra der Liebe

Als Leser hat man sofort das Gefühl großer innerer Nähe zu diesem Gedicht, einem Altersgedicht vom Dezember 1815, aus dem »Buch der Liebe« des »West-östlichen Divan«. Die zugleich persönliche wie allgemeine Erfahrung, aus der es kommt; seine Härte, Illusionslosigkeit, Direktheit; das knappe Nennen, mit seinen Pausen, das stellenweise fast Stichwortartige der Zeilen – das alles erreicht uns unmittelbar.

Goethe hat die Verse (vier- und dreitaktige Trochäen, die wie freie Rhythmen wirken) dem Text eines – gegen Schluß genannten – türkischen Autors nachgedichtet. Aber sie sind, ihre innere Stimmigkeit, ihre Intensität zeigt es, zu *seinem* Gedicht geworden, das gelesen sein will auf dem Hintergrund seiner Begegnung mit Marianne von Willemer in den Jahren 1814 und 1815 in Frankfurt und Heidelberg.

Liebe – ein Buch, das Buch der Bücher, das »wunderlichste« dazu, mit Abschnitten, Blättern, Kapiteln, Heften. Sogar »Bände« werden daraus. Ein Beispiel für die Buchmetaphorik (das Buch der Natur, des Universums, des Geistes, der Geschichte, der Schönheit, der Seele), die durch Jahrhunderte in zahlreichen Gedichten der verschiedensten Literaturen auftauchte.

Ein Gedicht zunächst voller Trauer, »endlos ohne Maß«. Es provoziert Fragen. Warum ist uns Glück nur für Momente erreichbar? Machen wir den Fehler, daß wir Dauer suchen, wo keine Dauer möglich ist; daß wir uns an etwas klammern, an das wir uns nicht klammern dürfen; daß wir uns der Wirklichkeit mit falschen Vorstellungen nähern und sie deshalb verfehlen?

Am Ende: Helligkeit, Zuversicht, Erleichterung. Ein *Happy-End*? Oder nur ein »klein Kapitel«? Jedenfalls begreift man (auch wenn das nicht ausdrücklich gesagt wird), daß der alternde Mann – durch Glück und Unglück früherer Begegnungen – erst gelernt hat, was es bedeutet, wenn das Gefühl der Liebe lebendig ist. Er nimmt es nicht mehr als Selbstverständlichkeit hin. Er hat verstanden, daß es kein Recht auf Liebe gibt, keinen Anspruch, sondern daß sie von Augenblick zu Augenblick ein Geschenk ist. Er weiß, was Zeit bewirkt. Vergänglichkeit ist ihm eine unablässig wahrgenommene Realität. Er kennt das Unerbittliche daran. »Liebende, sich wiederfindend« ist eine Zeile, die *nach* solchen Einsichten niedergeschrieben wurde.

Wie der Wissenschaftler den Kosmos der Natur erforscht, erforscht der Dichter Goethe – und davon gibt auch sein »Lesebuch« Zeugnis – einen Liebes-Kosmos mit allen Stufen von der Sehnsucht bis zur Erfüllung, vom vertrauten Miteinander-leben bis zur unerklärlichen Fremdheit, von der Trennung bis zum Wiedersehen. Er weiß, daß es nicht nur eine »Algebra« der Natur, sondern auch eine der Liebe gibt.

Das Beet, schon lockert
Sichs in die Höh,
Da wanken Glöckchen
So weiß wie Schnee;
Safran entfaltet
Gewaltge Glut,
Smaragden keimt es
Und keimt wie Blut.
Primeln stolzieren
So naseweis,
Schalkhafte Veilchen
Versteckt mit Fleiß;
Was auch noch alles
Da regt und webt,
Genug, der Frühling,
Er wirkt und lebt.

Doch was im Garten
Am reichsten blüht,
Das ist des Liebchens
Lieblich Gemüt.
Da glühen Blicke
Mir immerfort,
Erregend Liedchen,
Erheiternd Wort;
Ein immer offen,
Ein Blütenherz,

Im Ernste freundlich
Und rein im Scherz.
Wenn Ros und Lilie
Der Sommer bringt,
Er doch vergebens
Mit Liebchen ringt.

Karl Otto Conrady
Heiteres Glück vor langer Zeit

So locker, so spielerisch schrieb der ›späte Goethe‹ manche Verse. Ein Natur- und Liebesgedicht zugleich. Sorgsam geteilt ist es in den Preis des Frühlings und das Lob der Geliebten. Was immer auch den Zauber der Jahreszeit ausmachen mag, das »doch« am Beginn des zweiten Teils leitet hin zur Verherrlichung des »Liebchens«, mit dessen Vorzügen sich weder Frühling noch Sommer messen können. Ein altes Thema aus der Tradition der Liebeslyrik: Die Frau, der gehuldigt wird, übertrifft noch alle Reize der Natur. Ihr ist es zu verdanken, daß das ganze Jahr hindurch Frühling bleibt, wie wohl die Überschrift »Frühling übers Jahr« zu verstehen ist.

Der Einsatz des Gedichts könnte kaum moderater sein. Freilich drückt sich so kein Gärtner aus, der den Boden arbeitend auflockert. Das Beet selbst erscheint als lebendig wirkend, und die von normaler Satzfügung leicht abweichende Stellung der Wörter schafft zudem so etwas wie poetischen Überschuß. Dann folgen Momentaufnahmen des Geschehens im Garten, in den der Frühling eingekehrt ist. Wie Figuren in einem heiteren Spiel treten sie auf, Schneeglöckchen und Krokus, Primel und Veilchen. Schon bald aber hält der Betrachter mit einer Formel einfachsten Sprechens summierend ein und faßt danach zusammen: »Genug, der Frühling, / Er wirkt und lebt.«

Farben leuchten hervor, das Weiß der Märzbecher, das Gelbe und Gelbrote des Krokus (»Safran«). In seiner »Farbenlehre« sprach Goethe dem Gelben »eine heitere, muntere, sanft reizende Eigenschaft« zu, nahm bei ihm »eine strebende Steigerung ins Rote« wahr und sah im Gelbroten die »aktive Seite« der Farbe »in ihrer höchsten Energie« ausgeprägt. Unverkennbar ist etwas von diesen Empfindungen der »sinnlich-sittlichen Wirkung« der Farben auch in die Verse über den Safran eingegangen. Schöner aber als alles im Garten ist »des Liebchens lieblich Gemüt«. Und der Schluß steigert noch: Auch und sogar der Sommer muß vor dem, was die Geliebte bietet, kapitulieren.

Das Gedicht ist von einer geradezu rokokohaften Leichtigkeit. Manches mutet wie freundliches Zitieren aus einer längst vergangenen Lyriksprache an. Der fast Siebzigjährige, ohnehin nie auf eine bestimmte Schreibart festgelegt, scheint sich hier auch am Spiel mit literarischen Reminiszenzen zu erfreuen.

Am biographischen Ort gibt sich »Frühling übers Jahr« allerdings als ein Gedicht zu erkennen, das wie gegen die Bedrängnis der Lebenssituation angeschrieben ist. Auf den 15. März 1816 datiert eine eigenhändige Reinschrift. Endlich waren die Kriegsjahre vorbei; 1816 zog der erste Frühling ins Land, »den man seit langer Zeit ohne Grauen und Schrecken herankommen sieht« (an Zelter, 14. 4. 1816). Doch um Christiane, mit der er seit 1788 zusammenlebte und die er erst 1806 geheiratet hatte, mußte sich Goethe seit längerem ernstlich sorgen. Wiederholt litt sie an schweren Krämpfen im Unterleib, deren Ursache damals niemand diagnostizieren konnte.

Wochen in Karlsbad 1815 brachten etwas Linderung, aber im Winter 1815/16 verschlimmerte sich ihr Zustand. Das Frühjahr ließ hoffen; sie konnte wieder in Haus und Garten arbeiten und freute sich auf die warme Jahreszeit. So liest sich »Frühling übers Jahr« wie eine späte Huldigung an die Lebensgefährtin, an deren Todestag am 6. Juni 1816 der Verstörte seine Erschütterung in vier Zeilen drängte: »Du versuchst, o Sonne, vergebens, / Durch die düstren Wolken zu scheinen! / Der ganze Gewinn meines Lebens / Ist, ihren Verlust zu beweinen.«

Machen wir uns jedoch nichts vor: Keinem ernst zu nehmenden Lyriker heute würde man es durchgehen lassen, in ähnlicher Ungebrochenheit und naiv-optimistisch sich gebender Heiterkeit eine Frühlingsszenerie zu bedichten und das Lob auf »des Liebchens lieblich Gemüt« anzustimmen. Zu zernarbt ist unser Verhältnis zur Natur nach dem, was wir in ihr angerichtet haben, zu wenig können uns bloß naturhafte Vorgänge besänftigen, und zeitgerechte Liebesdichtung vermag ohne sondierende Reflexion über Glück und Schwierigkeit der Partnerschaft kaum mehr zu bestehen. Ihren historischen Reiz müssen Goethes Verse darüber indessen nicht verlieren.

WANDERSEGEN

Die Wanderjahre sind nun angetreten,
Und jeder Schritt des Wandrers ist bedenklich.
Zwar pflegt er nicht zu singen und zu beten;
Doch wendet er, sobald der Pfad verfänglich,
Den ernsten Blick, wo Nebel ihn umtrüben,
Ins eigne Herz und in das Herz der Lieben.

Joachim Kaiser
Sanft überraschende Erhebung

Sechs Zeilen nur. Vollkommene Deutlichkeit in jedem Au-
genblick. Goethe hat diese sechszeilige Stanze vor »Wilhelm
Meisters Wanderjahre« gestellt, und zwar 1821, als Siebzig-
jähriger. In der zweiten Fassung der »Wanderjahre« von
1829 fehlt das Einleitungsgedicht. Nun können wir es unter
Rubriken wie »Alterswerke«, »Späte Lyrik« finden.

Vollkommene Deutlichkeit in jedem Augenblick? Lesen
wir die beiden ersten Zeilen unbefangen, also ohne sie von
vornherein als gleichmäßig betonte, fünfhebige Jamben zu
skandieren, dann spüren wir: der »Wandersegen« beginnt
nicht poetisch pulsierend, nicht in gehobenem, rhythmisch
beschwingtem Ton, sondern da herrscht Prosa-Nüchtern-
heit. Etwas Bedeutungsvolles geschieht. Und dabei ist etwas
bedenklich. Unser Wanderer scheint kein junger Mann
mehr zu sein: der würde sich nicht bei jedem Schritt Gedan-
ken machen. Der Wanderer dieses Gedichtes blickt ernst:
die lustigeren *Lehr*jahre (mit Philine-Beschlafen und Ham-
let-Interpretieren), die hat er ja hinter sich.

Die ersten beiden Zeilen sind Prosa, fast im spröden Kanz-
leistil, gelten einem Sachverhalt und seinen Konsequenzen.
Die dritte Strophe behält diesen Ton bei, ja sie scheint ihn
noch mit einer argumentierenden »Zwar-doch«-Gegen-
überstellung zu verstärken. »Zwar« pflegt der Mandant,
Verzeihung, der Wanderer, dieses und jenes nicht zu tun –
»doch« dafür... Indem wir dieser eher logischen als lyri-
schen Redeweise vernünftig folgen, ändert sich aber sanft

die Position, die Luft, der Ton. Und es beginnt unversehens die Erhebung, die Elevation.

Soeben vernahmen wir noch ruhige Prosasätze. Doch während wir uns an diese Sprechebene gewöhnen, die keine sehr poetische Landschaft zu sein scheint, holt uns (kaum zu ertasten, zu verbalisieren, wie) das Lyrische sanft ein. Die gedichtete Verwandlung, die das Vorhergehende nachträglich wandelt und das Folgende prägt, vollzieht sich in der vierten Zeile. »Sobald der Pfad verfänglich«: das ist keine ungebrochen prosaische Wendung mehr, sondern etwas anderes, »wo Nebel ihn umtrüben«: das ist schon gar keine ungebrochene prosaische Wendung mehr, sondern auch etwas anderes...

Das Gedicht begann ohne gefühlvolle Vorgabe. Ernst, logbucharartig. Dann löste es sich auf zarten Wegen des kleinsten Übergangs unversehens von dieser Realitäts- und Sprachebene. Erhob sich zum Gewählteren, Schwingenderen. Und gewährt nun am Ende noch eine überwältigende »idealistische« Pointe. Die Kadenz und Krönung des Wandersegens, nämlich der Gedanke an die »Lieben«, erscheint hier als – Überraschung! Vollkommen logisch und doch unerwartet. Denn: »trüben« – »Lieben«, das ist ein unreiner Reim. Der siebzigjährige Goethe riskiert eine Freiheit, eine deutlich regelwidrige Härte, die uns trifft wie ein sanfter Blitz.

Spielen wir das Experiment durch, hier an Stelle des Überraschenden das Korrekte zu setzen. Wie schal reimte sich beispielsweise ein (mögliches) »ge-trieben« auf »Lieben«. Zerstört wäre die Mixtur aus Überraschung und Ahnung.

Die Kurve dieses wunderbaren Aufschwungs vom Nüchternen zum zart Erhabenen läßt sich in Korrespondenz bringen mit dem gedichteten *Gedankengang*. Der Mensch als Mittelpunkt und freie Instanz. Er macht sich nichts vor.

Poetischer Schwung fällt ihm nicht von vornherein vom Himmel. Das Lyrische ist nicht wohlfeil präsent, es wird der Realität abgezwungen. In bedenklicher Situation *betet* und *singt* Goethes Wanderer nicht. Er ist von dieser Welt. Er verläßt sich auch nicht auf die hilfreich musische Beschwörung, wie es noch der Maultierführer aus dem »Divan« tat, der *sang,* »die Sterne zu erwecken / Und die Räuber zu erschrecken«.

Über Angst, Aberglauben und Glauben scheint unser Wanderer hinaus. Um so ernster blickt er zu jenen Instanzen, die ihm Hilfe versprechen im Trüben: in das eigene, unwandelbare Herz. Und, überraschend, trostreich, segensvoll: in das Herz der Lieben.

NEUGRIECHISCHE
LIEBE-SKOLIE

Diese Richtung ist gewiß,
Immer schreite, schreite!
Finsternis und Hindernis
Drängt mich nicht zur Seite.

Endlich leuchtest meinem Pfad,
Luna! klar und golden;
Immer fort und immer grad
Geht mein Weg zur Holden.

Nun der Fluß die Pfade bricht,
Ich zum Nachen schreite,
Leite, liebes Himmelslicht!
Mich zur andern Seite.

Seh ich doch das Lämpchen schon
Aus der Hütte schimmern,
Laß um deinen Wagenthron
Alle Sterne glimmern.

Christoph Perels
Himmelslicht und Amors Lampe

Nicht nur in der kurzen Straßburger Episode 1770/71 hat sich Goethe mit Volksliedern beschäftigt, sondern sein Leben lang. So las er auch um die Jahreswende 1824/25 Volkslieder, diesmal neugriechische, angeregt durch den unablässigen Nachrichtenstrom, der vom Schauplatz des Freiheitskampfes der Griechen gegen die Türken nach Deutschland und Weimar drang. In jüngeren Jahren hatte er an Herders »Stimme der Völker« mitgearbeitet, später Arnims und Brentanos »Des Knaben Wunderhorn« gelesen und rezensiert. Das Motiv von den zwei Liebenden, die ein Wasser trennt, ist weltweit verbreitet, die Spätantike kennt es in der Hero-und-Leander-Sage ebenso, wie es in lappländischen oder englischen Volksliedern begegnet. Solche universalen Motive waren dem alten Goethe wichtig als »Phaenomene des Menschengeistes, die sich wiederholt haben und wiederholen werden, und die der Dichter nur als historische nachweist«. Die »Wunderhorn«-Version »Der verlorne Schwimmer«, welche den glücklichen oder tragischen Ausgang fragend offenläßt, nennt er 1806 »anmutig und voll Gefühl«.

Mit den vier kleinen Liedstrophen von 1825 gibt Goethe ein völlig eigenes Gedicht. Denn die neugriechischen Verse, denen er die Anregung verdankt, kehren das bekannte Motiv geradezu um – der Liebende will vor der Geliebten über das Wasser fliehen: »Licht, mein Lichtchen, leuchte mir, daß ich übersetze; denn in dieser Nachbarschaft würde ich den Verstand verlieren.« Nicht von Sehnsucht, Glück und Untergang handelt das Volkslied, sondern vom Eros, der in den Wahnsinn treibt.

Weder diese noch die tragische Wendung der Liebesgeschichte ist Goethes Sache. Mit wenigen antikisierenden Elementen – »Skolie« gehört bereits dazu als Name für altgriechische Festgedichte, dann die Göttin Luna mit ihrem Wagenthron und die arkadische Hütte – knüpft das Gedicht an die glückliche Liebeserfahrung der »Römischen Elegien« an; das Gebet nicht an das eigene Lichtlein, sondern an Luna als das »leitende Himmelslicht« erinnert an jenes beseligende Gesetz, das die Natur den Liebenden bereithält und das seit dem »West-östlichen Divan« in Goethes Alterswerk als Allvertrauen so oft wiederkehrt. Von Amors Lämpchen in der Hütte strahlt eine magnetische Kraft aus, sie wird von Luna, die den Liebenden führt, im Kosmischen beglaubigt: kein Umweg und kein Abweg, »Immer fort und immer grad / Geht mein Weg zur Holden«.

Die Folge der den Jüngling verzaubernden und den Leser bezaubernden Lichterscheinungen aus der Finsternis der ersten Strophe zum klaren und goldenen Mond in der zweiten, dem lieben Himmelslicht in der dritten und schließlich dem leuchtenden Sternenhimmel in der letzten Strophe gibt dem Gedicht eine bezwingende innere Form. Im Äußeren aber zeigt es die scheinbare souveräne Läßlichkeit des Goetheschen Altersstils, die freilich in Wahrheit die Freiheit des geistigen Spiels auch in Anerkennung universaler Gesetzlichkeit behauptet. Im Anrufen der Göttin die Erfüllung vorwegnehmend, umfängt am Ende das festlich strahlende, nächtliche Himmelszelt die Hütte als den kleinen, irdischen Ort menschlichen Liebesglücks.

Das Gedicht steht versteckt unter der Rubrik »Aus fremden

Sprachen«, wie Goethe es wollte. In Wahrheit gehört es unter seine ganz eigenen.

DER KUCKUCK WIE DIE NACHTIGALL

Der Kuckuck wie die Nachtigall,
Sie möchten den Frühling fesseln,
Doch drängt der Sommer schon überall
Mit Disteln und mit Nesseln.
Auch mir hat er das leichte Laub
An jenem Baum verdichtet,
Durch das ich sonst zu schönstem Raub
Den Liebesblick gerichtet.
Verdeckt ist mir das bunte Dach,
Die Gitter und die Pfosten;
Wohin mein Auge spähend brach,
Dort ewig bleibt mein Osten.

Peter Demetz
Der Augenmensch, ein Voyeur?

Goethes späte und spröde »Chinesisch-deutsche Jahres-
und Tageszeiten« werden von vielen bewundert, aber nicht
alle Stücke des fragmentarischen Zyklus haben die gleiche
Aufmerksamkeit auf sich gezogen. Das sechste Stück gilt,
üblicherweise, nicht an und für sich, und kann doch sehr gut
auf eigenen Füßen stehen. Es hat jene intellektuelle Anmut,
Selbstironie und literarische Erinnerungsfähigkeit, die zu
den ersten Bedingungen der modernen Poesie zählen, und
der Achtundsiebzigjährige handhabt das Poetische wie läs-
sig und mit halben Selbstzitaten: das Kunstlose ist überall
Kunst.
Wozu die Chinoiserie? so möchte man (mit einer der Figu-
ren Max Frischs in seiner »Chinesischen Mauer«) fragen,
und selbst wenn man nicht wüßte, daß sich Goethe im Win-
ter 1826/27 wieder einmal chinesische Schmöker, in unzu-
reichenden Übersetzungen, zu Gemüte geführt hatte, so
läge die Gegenfrage nahe, ob ihn nicht die Möglichkeit
freute, sich als Mandarin in Szene zu setzen, sich im gravitä-
tisch chinesischen Zeremoniell zu üben, wie er es verstand,
und zu sehen, wie es sich »in diesem sonderbar-merkwürdi-
gen Reiche noch immer leben, lieben, und dichten lasse«
(*Chinesisches*, 1827).
Rilke hat ganz recht, wenn er meint, Goethe bringe in diesen
Versen vieles zusammen, »ein Spielend-Dekoratives«, aber
auch die »bedeutendste lyrische Ergreifung, wie sie seine
mächtigsten Zeilen besitzen«. Es wird schwierig sein, das

Dekorative und die lyrische Ergreifung hier noch reinlich zu trennen, denn dieser Mandarin schreibt mit der linken Hand, und wie es sich gehört, Dichtung über dichterische Tradition.

Die Strophen geben sich einfach und blitzen von Assoziationen, poetischen Versatzstücken und verdeckten Widersprüchen. An der Neige des Frühlings sind Kuckuck und Nachtigall wirksame, aber paradoxe Bundesgenossen; der Kuckuck (bei Goethe anderswo »Blüthensänger, *o coucou*«) als sprichwörtlicher Frühlingsbote, und die Nachtigall im schmelzenden Abendlicht sind einander, in der deutschen Volks- und Fabeltradition, stracks entgegengesetzt, denn der eintönig schreiende Kuckuck (dem der Volksmund auch sonst Skandalöses nachsagt) will vergebens wie die Nachtigall sein, die unnachahmlich tönt. Noch widersprüchlicher, wenn nicht gar entmutigender, der herandrängende Sommer mit seinen Laubmassen, aber auch den ganz und gar nicht chinesischen »Disteln« und »Nesseln«, zumindest im symbolischen Sinn. Im Alten Testament, vor allem bei den Propheten, signalisieren sie Stätten der Leere und Unfruchtbarkeit; und unser Weimarer Mandarin, bibelfest auf gut lutherische Art, erinnert uns an Hoseas Klage über Verlust und Vertreibung.

Die unerwartete Tiefe der Assoziation verrät etwas von der Tiefe seiner Enttäuschung – unser Mitgefühl ist allerdings gemindert durch sein Geständnis, er hätte die schöne Nachbarin mit räuberischem Liebesblick, und ohne jede Schicklichkeit, bis in ihren Pavillon verfolgt, dessen »buntes Dach« und »Gitter« noch von ferne die chinesischen Rokoko-Architekturen des »vollkommenen Parks« in Goethes »Triumph der Empfindsamkeit« (Akt IV) ins Gedächtnis rufen, »...Wasserfälle, Teiche, ...Kioksen, Tings«.

Soll sich das Unschickliche des Liebesräuberblickes in das anakreontische Zeremoniell des Gedichtes verwandeln? Ein seltener Augenblick; der Augenmensch, der Mandarin Goethe, »zum Sehen geboren, zum Schauen bestellt«, ertappt als leider verhinderter Voyeur? Die schöne Nachbarin und das Publikum sollten ihm verzeihen, schon um der letzten und fast majestätischen Gedichtzeile willen, in welcher so viele seiner mächtigen Gedichte mitsprechen.

NICHT MEHR AUF SEIDENBLATT

Nicht mehr auf Seidenblatt
Schreib ich symmetrische Reime;
Nicht mehr fass' ich sie
In goldne Ranken;
Dem Staub, dem beweglichen, eingezeichnet
Überweht sie der Wind, aber die Kraft besteht,
Bis zum Mittelpunkt der Erde
Dem Boden angebannt.
Und der Wandrer wird kommen,
Der Liebende. Betritt er
Diese Stelle, ihm zuckts
Durch alle Glieder.
»Hier! vor mir liebte der Liebende.
War es Medschnun, der zarte?
Ferhad, der kräftige? Dschemil, der daurende?
Oder von jenen tausend
Glücklich-Unglücklichen einer?
Er liebte! Ich liebe wie er,
Ich ahnd ihn!«

Suleika, du aber ruhst
Auf dem zarten Polster,
Das ich dir bereitet und geschmückt.
Auch dir zuckts aufweckend durch die Glieder.
»Er ist, der mich ruft, Hatem.
Auch ich rufe dir, o Hatem! Hatem!«

Hilde Domin
Aber die Kraft besteht

Dies Gedicht, Nachzügler des »Buchs Suleika«, verstehe ich als ein Gedicht gegen den Tod: gegen das Sterben des Worts und das Sterben des Gedächtnisses. Es ist ein einsames, monologisches Gedicht, im Gegensatz zu den dialogischen Gedichten des Buchs Suleika. Daß Suleika am Schluß noch ein letztes Mal angeredet wird, ändert daran nichts. Hier handelt es sich um Künftiges, um das Fortleben der Liebenden und ihrer Liebe, nach dem Tode nicht nur des Dichters. Suleika denke man sich nicht auf dem »nun einsamen Lager« in Frankfurt (wie allgemein gelesen wird), sie liegt, für alle Zeiten, auf dem ihr von Goethe bereiteten Polster seiner Verse, »dem zarten Polster, / Das ich dir bereitet und geschmückt«.

Das ganze Gedicht steht und fällt mit der Sprengkraft der sechsten Zeile. Mit dem leidenschaftlichen Atemstoß dieses »Aber« werden die Reime Hatems dem »Überwehtwerden« entzogen und tief in der Erde angesiedelt: von wo sie aufsteigen können, wann immer sie gebraucht werden, wann immer Liebende sich in den »musterhaften« Liebenden vergangener Zeiten wiedererkennen. »Hör und bewahre / Sechs Liebespaare.. / Hast du sie wohl vermerkt, / Bist im Lieben du gestärkt«. Diesen musterhaften Liebespaaren, in beiden Gedichten namentlich aufgezählt, dem unsern und dem eben zitierten Eingangsgedicht des »Buchs der Liebe«, werden Hatem und Suleika, Goethe und Marianne Willemer, für alle Zukunft als siebtes Paar zugesellt: durch die magische Kraft des unverwehten Worts.

Das »Aber« hat Goethe nachträglich über die Mitte der Zeile in sein Manuskript eingesetzt, mit einem großen »A« (was aber kein Grund zum Zeilenbruch ist, auch »symmetrisch«, Zeile 2, schreibt er mit Majuskel). Diese Korrektur erst gibt dem auf dem Vokal aufsteigenden Atem das Mehr an Kraft gegen den Wind, dessen das Wort zum Überleben bedurfte.

Dies ist übrigens nicht das einzige Mal, daß Goethe sein Wort ausdrücklich und fast mit der gleichen Metapher für die Nachwelt retten wollte. »Vom Dünenschutt der Stunden« solle Faust II nicht »überschüttet« werden, schreibt er kurz vor seinem Tode an Wilhelm von Humboldt, als Begründung, warum er das Manuskript seinen Freunden nicht mitteile.

Die viel umstrittene Frage, ob künftige Liebende nun auf den – inzwischen asphaltierten – Wegen des Schloßparks in Heidelberg sich diese Liebe verlebendigen sollen oder beim Lesen des Buchs, scheint schon insofern gegenstandslos, als erst dies Buch der »Terrasse hochgewölbten Bogen«, auf der sein »Kommen und sein Gehn« war, die besondere Bedeutung verleiht. Ort und Buch sind nicht trennbar. (Daß dieser Ort heute als »Scheffelterrasse« bekannt ist, zeigt, wie wenig Glück der Divan bei den deutschen Lesern hatte.) »Die Chiffre, von der lieben Hand gezogen, / Ich fand sie nicht, sie ist nicht mehr zu sehn«, klagt Marianne 1824. In den Septembertagen 1815 wurden tatsächlich Zeichen in diesen Sand geschrieben (»Doch da war von deiner Hand / Meine Chiffre leis gezogen«), das kehrt in der Metaphorik des Gedichtes wieder, aber doch nur als Metapher.

Das Gedicht, von Goethe in keine seiner beiden Divanausgaben aufgenommen – es wurde erst 1836 veröffentlicht –, ist als Abgesang, Verabschiedung in die Zukunft zu lesen. Es ist nicht mehr in Heidelberg entstanden, stamme es nun aus dem Jahre 1816 oder, wahrscheinlicher, 1818/19. Um so merkwürdiger, daß bedeutende Gelehrte es wortwörtlich in den Sand des Heidelberger Parks geschrieben wissen wollen (»Dem Boden angebannt«). Dabei hat Goethe »den Poeten« mehrfach vor der Tücke des Sands gewarnt: »Seiner Klagen Reim', in Sand geschrieben, / Sind vom Winde schon verweht«, paraphrasiert er im »Buch Hafis« eine Sure des Koran.

Bei dem »überwehenden Wind« sollten wir an den Wüstenwind denken, nicht an den geschützt liegenden Garten in Heidelberg. »Der Wanderer«, der kommen wird, wie einst Goethe kam, »musterhaft in Freud' und Qual«, der »Glücklich-Unglücklichen einer«. Er wird Hatems Weckruf hören, der ihn anruft aus dem »Mittelpunkt der Erde«, von weiter her als eines Menschen Grab.

»Jede Zeile soll unsterblich, / Ewig wie die Liebe sein«, mit diesen Versen schickt Goethe das erste Exemplar des Divan 1819 nach Frankfurt. »Die Stätten, wo Liebende geweilt haben, bilden ein heimliches höheres Reich auf Erden«, schrieb Max Rychner. Aber was wüßten wir von ihnen, ohne das unverwehte Wort der Dichter, das uns durch alle Glieder zuckt?

DER BRÄUTIGAM

Um Mitternacht, ich schlief, im Busen wachte
Das liebevolle Herz, als wär es Tag;
Der Tag erschien, mir war, als ob es nachte –
Was ist es mir, so viel er bringen mag?

Sie fehlte ja! mein emsig Tun und Streben
Für sie allein ertrug ichs durch die Glut
Der heißen Stunde; welch erquicktes Leben
Am kühlen Abend! lohnend wars und gut.

Die Sonne sank, und Hand in Hand verpflichtet
Begrüßten wir den letzten Segensblick,
Und Auge sprach, ins Auge klar gerichtet:
Von Osten, hoffe nur, sie kommt zurück.

Um Mitternacht, der Sterne Glanz geleitet
Im holden Traum zur Schwelle, wo sie ruht.
O sei auch mir dort auszuruhn bereitet!
Wie es auch sei, das Leben, es ist gut.

Adolf Muschg
Die nie gelöschte Liebesqual

Bräutigam: ein Stand, gemeinhin, für jüngere Männer, ein Zustand des Harrens und Hoffens an der Schwelle, aber nicht mehr für lange; eine befristete Verfassung, mit der sich ein unbegrenztes Gefühl verbindet – wie paßt das alles zu einem sechsundsiebzigjährigen Dichter?

Er scheint einen Traum zu erzählen, traumhaft bleibt die Syntax des Anfangs in der Schwebe: die Zeitbestimmung »um Mitternacht« läßt einen Hauptsatz erwarten mit Inversion von Subjekt und Prädikat. Aber diese Erwartung verliert sich in der fortgesetzten, gleichsam einer depressiven Optik verfallenen Vergangenheitsform, bis – nach dem Atemstocken des Gedankenstrichs – die Klage, so leise wie überraschend, ins Präsens ausbricht: »Was ist es mir (...)?« Über die Beteuerungen des Verlusts, mit ihrem unverhüllten Beschwörungston, senkt sich wieder der Schein von Zeitferne und wird am Schluß der zweiten Strophe, nicht ganz mühelos, gedämpft zum Ausklang in Versöhnung.

Der Umriß eines verbundenen Paars dämmert herauf, festigt sich in der Wir-Form, die Erinnerung gewinnt schon beinahe erzählende, am Ende der dritten Strophe: dialogische Gegenwart. Aber es ist kein Mund, es ist ein Auge, das zum Auge redet, wie ein »schaffender Spiegel« zum andern, in dem der Reflex der untergehenden Sonne zu einem Du zwischen Mann und Frau, zur Sprache der Hoffnung wird. Wie in Goethes physikalischem Lieblingsphänomen der »entoptischen Farben« »steigert« sich das Leuchten des er-

widerten Augen-Blicks in der letzten Strophe zum Glanz
der Sterne. Sie bezeichnen einen Raum, in dem die bräutli-
che Erwartung wohl vergangen, aber nicht verloren ist. Die
Mitternacht, zum zweiten Mal zitiert, ist nicht mehr die-
selbe: der schmerzhaft-individuellen Reminiszenz antwor-
tet nun eine überpersönliche Erinnerung: danach darf sich
der erschütterbare Mensch auch an seiner Grenze in der Ge-
sellschaft einer unerschütterlichen, aber beweglichen Na-
turordnung wissen.

War das »gut« am Ende der zweiten Strophe noch ein Werk
tapferer Fassung gewesen, der man den kurzen Atem anhö-
ren kann, so hat der letzte Satz, das letzte Wort des Gedichts
den ruhigen Atem der versöhnten Gegensätze. Auch die
Todesnähe, findet dieses letzte Wort, wird Nähe bleiben
dürfen, gelassene, niemals widerrufbare Nähe zu dem, was
wir lieben, in seiner menschlichen Gestalt. Neigung ist alles
(sie verbirgt sich im älteren Sinn des abgegriffenen Wortes
»hold«); »wir« dürfen uns gleichen Sinnes zum Sterben nei-
gen, wie wir einander zugeneigt gewesen sind.

Das Gedicht folgt bis in Einzelheiten des Wortlauts, wie
Ernst Beutler gezeigt hat, Goethes Schilderung des Verlöb-
nisses mit Lili Schönemann im 17. Buch von »Dichtung und
Wahrheit«, an dem er nach 1821 gearbeitet hat. Die Braut
von einst war 1817 gestorben; im »Bräutigam« findet sich
die »nie gelöschte Liebesqual« des Jahres 1775 ins reine ge-
schrieben. Die »Tränen unglücklicher Liebe«, die er damals
gebeten hatte: »trocknet nicht!«, hier fließen sie noch – sie
fließen *wieder,* ein halbes Jahrhundert später, unter dem
Blick der scheidenden Lebenssonne. Aber diese wird »von
Osten« erfrischt zurückkehren; aus jener Gegend also, in
der einst der Geselle Herders, später der Dichter des »West-
östlichen Divan« die Tiefe des Ursprungs verehren lernte;

ein Reich der Erinnerung, in dem der Widerspruch zum allzu menschlichen Vergessen aufgehoben ist wie derjenige zwischen Augenblick und Ewigkeit, zwischen Leben und Kunst.

»Der Bräutigam« wurde zu Lebzeiten Goethes nur einmal, und zwar anonym, veröffentlicht, in einem Privatdruck der Schwiegertochter Ottilie. Der Entwurf des Gedichts findet sich auf der Rückseite eines Manuskriptblattes aus dem »Helena«-Akt, was Lieselotte Blumenthal die wahrscheinliche Datierung auf das Jahr 1824 erlaubte. Aber diese vermag das Geheimnis eines wunderbar stillen Meisterwerks der Lebenskunst nicht zu lüften, über das es keine überlieferte Äußerung Goethes gibt. Es ist »zeitlos« in der Tiefe seines Einverständnisses mit der Vergänglichkeit. Denn es »überwindet« sie nicht, sondern bleibt ihr zugeneigt wie einer schön geformten Muschel, in der das Ohr sein eigenes Rauschen *und* dasjenige des unerschöpflichen Elements vernimmt.

IHR VERBLÜHET, SÜSSE ROSEN

Ihr verblühet, süße Rosen,
Meine Liebe trug euch nicht;
Blühet, ach, dem Hoffnungslosen,
Dem der Gram die Seele bricht!

Jener Tage denk' ich trauernd,
Als ich, Engel, an dir hing,
Auf das erste Knöspchen lauernd
Früh zu meinem Garten ging.

Alle Blüten, alle Früchte
Noch zu deinen Füßen trug,
Und vor deinem Angesichte
Hoffnung in dem Herzen schlug.

Ihr verblühet, süße Rosen,
Meine Liebe trug euch nicht;
Blühet, ach, dem Hoffnungslosen,
Dem der Gram die Seele bricht!

Martin Lüdke
Hoffnungslos glücklich

»Claudius krankt, und Goethe geht mit Heiratsgedanken«, schrieb Ende April 1775 Herder an Hamann. Er irrte, soweit es Goethe betrifft. Goethe ging zwar, doch nicht mit Lili Schönemann, der damals sechzehnjährigen Frankfurter Bankierstochter, zum Traualtar, sondern Anfang Mai bereits mit den Brüdern Stolberg in die Schweiz. Der »Zauber von Lilis Wesen« habe den »Liebenden dergestalt in Banden« gehalten, spekuliert Eckermann, der seinen Goethe kannte, noch fünfzig Jahre später so richtig wie paradox, »daß er sich nur durch eine wiederholte Flucht zu retten imstande war«.

Zu retten? Wovor?

Die Rosen verblühen. Schlicht wird dies in den ersten beiden Versen konstatiert: die Liebe, die sie – vielleicht – hätte blühen lassen können, trug sie nicht. Sie blühten, seufzend wird es eingestanden, »ach, dem Hoffnungslosen«, der – wie so oft – verzichtet hat. Das »Lied«, meint Goethe selber, trachte nicht wie noch »Lilis Park« danach, »das Widerwärtige zu erhöhen und durch komisch ärgerliche Bilder das Entsagen in Verzweiflung umzuwandeln«, es drücke »eher die Anmut jenes Unglücks aus«. In dieser Spannung hat Goethe gelebt, und aus ihr lebt das Gedicht.

Der äußere Hergang der Ereignisse, deren innere Dramatik sich hier andeutet, ist in »Dichtung und Wahrheit« (Buch 16-20) festgehalten. Dort, ins 19. Buch, ist auch das Lied aufgenommen und zurückhaltend von ihm kommentiert:

»Eine fortwährende Aufregung in glücklicher Liebeszeit, gesteigert durch eintretende Sorge, gab Anlaß zu Liedern, die durchaus nichts Überspanntes, sondern immer das Gefühl des Augenblicks aussprachen.« Und, möchte ich ergänzen, immer auch ein bißchen mehr.

Lili Schönemanns Eltern hatten Bedenken gegen die Verbindung. Der Verfasser des »Werther«, der gerade wieder mit einer Satire auf die Rezensenten dieses Buches für neuerliche Aufregung gesorgt hatte, entsprach nicht ihren Vorstellungen eines Schwiegersohnes. Auch Goethes Vater war, aus anderen Gründen, abgeneigt. Nur das Brautpaar schien sich sicher. Goethe sagt, noch im März 1830, immerhin fünfundfünfzig Jahre später: »Ich wäre stolz gewesen, es der ganzen Welt zu sagen, wie sehr ich sie geliebt; und ich glaube, sie wäre nicht errötet zu gestehen, daß meine Neigung erwidert wurde.« Und Goethe gesteht Eckermann sogar: »Sie war in der Tat die erste, die ich tief und wahrhaftig liebte. Auch kann ich sagen, daß sie die letzte gewesen; denn alle kleinen Neigungen, die mich in der Folge meines Lebens berührten, waren, mit jener ersten verglichen, nur leicht und oberflächlich.« Er sei, behauptet Goethe, seinem »eigentlichen Glück nie so nahe gewesen als in der Zeit jener Liebe zu Lili«.

Die äußerlichen Hindernisse wären, das hat er immer gewußt, aus dem Wege zu räumen gewesen. Warum dann das Glück, das so nahe lag, ausschlagen?

Die Goethe-Forschung, die mittlerweile erschöpfende Auskunft über jeden seiner Tage geben kann, versucht oft genug, uns auf eine biographische Fährte zu locken. Wir können sogar, mit K. R. Eissler, über Goethes Beziehung zu seiner Schwester Cornelia spekulieren (die sich tatsächlich schroff gegen Lili gewandt hatte); wir können uns an den

Vermutungen über Goethes Impotenz begeistern; wir können also, kurz gesagt, die schlichte Schönheit dieser Verse auf die privaten Probleme ihres Verfassers reduzieren.

Eine andere Lesart scheint mir ergiebiger. Trauer, Wehmut und Hoffnung, die festgehalten sind in den beiden mittleren Strophen, bleiben auf die Spannung der ersten und vierten Strophe bezogen (die wiederum miteinander identisch sind). Zwischen der Feststellung »Ihr verblühet, süße Rosen« und dem Seufzer, »Blühet, ach, dem Hoffnungslosen«, ist das Rätsel dieses Gedichts eingeschlossen, die ganze »Anmut jenes Unglücks«. Hier muß eine (wohlverstanden) spekulative Deutung ansetzen. Denn hier wird das Allgemeine konkret: die Einsicht, daß ein Glück, das handgreiflich nahe liegt, sich unendlich weit entfernt, wenn man es zu greifen sucht. »Nur um der Hoffnungslosen willen«, schrieb Walter Benjamin am Ende seines Essays über die »Wahlverwandtschaften«, »ist uns die Hoffnung gegeben.« Das Glück, von dem diese Verse künden, blühte nur dem Hoffnungslosen.

»Lili, adieu«, schrieb Goethe in sein Tagebuch, als er, wenige Monate später, nach Weimar ging, »es hat sich entschieden.« Vielleicht hat die Einsicht, daß wir das Bild (auch) des (künftigen) Glücks stets aus der Vergangenheit beziehen (müssen), zu dieser Entscheidung mit beigetragen.

Anhang

Statt eines Nachworts

Der erste Vers des Gedichts, das wir dieser kleinen Auswahl vorangestellt haben und dem auch ihr Titel entstammt, wird in den Goethe-Ausgaben in verschiedenen Fassungen gedruckt. In der Sammlung »Goethes Gedichte in zeitlicher Folge«, die der Insel Verlag zuerst 1916 veröffentlicht hat und die seit 1958 in einer revidierten Ausgabe vorliegt, beginnt unser Gedicht mit den Worten: »Alles geben die Götter, die unendlichen...«

Auch in der 1948 vom Christian Wegner Verlag begründeten »Hamburger Ausgabe« lesen wir: »Alles geben die Götter...« Aber in der vom selben Verlag publizierten vierbändigen Edition der Briefe Goethes heißt es im ersten, 1962 erschienenen Band: »Alles geben Götter die unendlichen...«; in der Anmerkung bleibt die (schließlich nicht geringfügige) Textabweichung unkommentiert. Nachdem die »Hamburger Ausgabe« vom Verlag C. H. Beck, München, übernommen wurde, erscheint sie seit 1981 in einer »neubearbeiteten Auflage«. Jetzt lautet der erste Vers: »Alles gaben Götter, die unendlichen...« So haben wir drei Versionen. Welche ist die richtige?

In unserer Not greifen wir zur Artemis-Gedenkausgabe der Werke, Briefe und Gespräche, herausgegeben zu Goethes 200. Geburtstag am 28. August 1949. Unser Gedicht findet sich hier im zweiten Band und beginnt wiederum: »Alles geben die Götter, die unendlichen...« Dies könnte uns vielleicht beruhigen, wenn nicht im selben Band der renommierten Ausgabe jener erste Vers noch mehrfach angeführt wäre – in der Rubrik »Goethe über seine Gedichte«, im chronologischen Verzeichnis der Gedichte sowie im alphabetischen Verzeichnis der Überschriften und Gedichtanfänge. In allen drei Fällen ist zu lesen: »Alles geben Götter…« Wie also? »Alles geben die Götter« oder »Alles geben Götter« oder »Alles gaben Götter«?

Dieser Sachverhalt ist, so will es scheinen, auf einen beinahe unbegreiflichen Umstand zurückzuführen: Goethe selber hat seinen herrlichen Versen keine Bedeutung beigemessen, sie waren ihm offenbar gleichgültig. Er schrieb sie in einem Brief vom 17. Juli 1777, der an eine nur wenig jüngere Dame gerichtet war – an Auguste Louise Gräfin zu Stolberg, die ihm einige Zeit nahestand, die er aber gleichwohl nicht einmal sehen wollte und die er auch tatsächlich nie gesehen hat. Zwar benötigte er sie dringend, doch nur als Vertraute, als Korrespondenzpartnerin, als Adressatin seiner Monologe. Neunzehn Briefe an diese adlige Dame sind überliefert, die meisten aus den Jahren 1775 bis 1777. Später ließ die postalische Beziehung nach, um bald ganz zu verlöschen. Denn Goethe hatte sich einer Frau genähert, mit der er nicht nur korrespondierte: Charlotte von Stein.

Daß er von dem kurzen Briefgedicht keine Abschrift angefertigt hat, ist zumindest wahrscheinlich, ja nahezu sicher. Er hat es niemals veröffentlicht, nie in eine Buchausgabe seiner Lyrik aufnehmen lassen. Trotzdem wurde es schon bald gedruckt: Der Bruder der Empfängerin, Graf Friedrich Leopold zu Stolberg, zitiert es in seinem Aufsatz »Über die Ruhe nach dem Genuß und über den Zustand des Dichters in dieser Ruhe«, enthalten in der Zeitschrift »Deutsches Museum«, Jahrgang 1780, Band 2. Die Antwort auf die Frage, woher er das Gedicht kannte, fällt leicht: Seine Schwester wird ihm den entsprechenden Brief gezeigt haben.

Das Gedicht beginnt in Goethes Handschrift: »Alles gaben Götter die unendlichen«. Daran kann schon deshalb nicht gezweifelt werden, weil das Manuskript erhalten ist und seine Entzifferung keinerlei Schwierigkeiten bereitet. Wie soll man sich erklären, daß dieser Vers in der publizierten Fassung anders lautet? Ein Versehen Stolbergs ist kaum vorstellbar: Wir haben es ja mit *zwei* Textabweichungen zu tun – »geben« statt »gaben« und die Hinzufügung von »die«. Die Möglichkeit, daß Goethe dem Grafen Stolberg eine korrigierte Handschrift des Gedichts hat zukommen lassen, sei – meint der Germanist Detlev Lüders – »angesichts des Charakters des Briefgedichts wohl auszuschließen«. Dem kann man zustimmen.

Hat also Stolberg eigenmächtig gehandelt? Goethe kannte die Zeitschrift »Deutsches Museum« und erwähnte sie gelegentlich. Daher ist der Gedanke nicht abwegig, daß er auch den Aufsatz mit dem zitierten Gedicht gelesen und die eventuell von Stolberg vorgenommenen Änderungen gebilligt hat – stillschweigend oder vielleicht in einem verlorengegangenen Brief. Immerhin gibt die Tatsache zu denken, daß August von Binzer, der 1839 die Briefe Goethes an die Gräfin Stolberg edierte und dem das Originalmanuskript vorlag, eben nicht diesem gefolgt ist, sondern die umstrittene erste Zeile in der vom Grafen Stolberg veröffentlichten Version übernommen hat.

So wurde das Gedicht über hundert Jahre lang in allen Goethe-Ausgaben gedruckt – auch in der gigantischen, im Auftrage der Großherzogin Sophie von Sachsen veranstalteten »Weimarer Ausgabe«, jedenfalls in der Werkabteilung; in der Briefabteilung dieser Edition hingegen heißt es: »Alles geben Götter...« Offenbar hat sich keiner der Editoren die Mühe gemacht, die Handschrift zu Rate zu ziehen. Diese tauchte erst spät auf: Sie war in die Vereinigten Staaten gelangt und befindet sich im Besitz der Bibliothek der *Yale University*, die den Brief mit den mittlerweile berühmten Versen 1940 faksimiliert zugänglich gemacht hat.

Aber ist damit die Frage, wie die erste Zeile dieses Gedichts lauten sollte, endgültig aus der Welt? Es läßt sich doch nicht verheimlichen, daß Stolbergs Version der ursprünglichen Fassung entschieden vorzuziehen ist. Erstens: Die Hinzufügung des Artikels »die« verleiht auch dem ersten Vers den gleichmäßigen Rhythmus der drei übrigen Verse. Und nichts spricht dafür, daß Goethe daran gelegen war, diesen Rhythmus zunächst zu durchbrechen. Zweitens: Von der Zeit, in der das Verbum »geben« verwendet wird, hängt der Sinn des ganzen Vierzeilers ab. Der Dichter, der »gaben« schreibt, drückt eine allgemeine Erfahrung und eine geschichtliche Erkenntnis aus: So war es, behauptet er, einst, vielleicht in grauer Vorzeit. Wenn er aber »geben« sagt, dann formuliert er einen keineswegs zurückliegenden, vielmehr gegenwärtigen Zustand und damit (möglicherweise) eine persönliche Erfahrung. Was wollte Goethe?

Der Brief vom 17. Juli 1777 setzt ein mit den Worten: »Danck Gustgen dass du aus deiner Ruhe mir in die Unruhe des Lebens einen Laut herüber gegeben hast.« Hierauf folgt sofort unser Vierzeiler: Er erklärt, was mit der Bezeichnung »Unruhe des Lebens« gemeint ist und worauf sie zurückzuführen sei. Um jedoch dem etwaigen Mißverständnis, hier sei von etwas Allgemeinem die Rede, gleich vorzubeugen, knüpft Goethe an sein Gedicht die Mitteilung: »So sang ich neulich als ich tief in einer herrlichen Mondnacht aus dem Flusse stieg der vor meinem Garten fliest; und das bewahrheitet sich täglich an mir.«

Um welche »Freuden, die unendlichen«, um welche

»Schmerzen, die unendlichen« geht es aber? Der Brief-
schreiber sagt es sofort und unmißverständlich: »Ich muß
das Glück für meine Liebste erkennen...«. Und: »Den Todt
meiner Schwester wirst du wissen.« Goethes Schwester
Cornelia war am 8. Juni 1777 gestorben.

Ähnlich hatte er sich schon etwas früher in einem Brief an
seine Mutter geäußert: daß ihm nämlich der Tod der Schwe-
ster »nur desto schmerzlicher« sei, als er ihn »in so glückli-
chen Zeiten« überrasche.

Hier gibt es nichts zu rätseln: Dieses Gedicht ist als lapidare
Selbstcharakteristik Goethes zu verstehen. Aber es betrifft
nicht nur ihn selber. Wer ist überdies gemeint? Weiterhelfen
kann uns die Vokabel »Liebling«. Goethe gebraucht sie
nicht sehr häufig, meist jedoch bezieht er sie auf die eigene
Person. Gegen Ende der Marienbader Elegie heißt es:

> Mir ist das All, ich bin mir selbst verloren,
> Der ich noch erst den Göttern Liebling war...

In einem anderen Gedicht lesen wir:

> Ihr gebt den Sohlen Flügel
> Und treibt durch Tal und Hügel
> Den Liebling weit vom Haus.

Es sind die »lieben holden Musen«, die den Liebling treiben,
das Gedicht ist betitelt: »Der Musensohn«. In Goethes
Nachdichtung der Komödie »Die Vögel« wird deren Autor,
Aristophanes, »der ungezogene Liebling der Grazien« ge-
nannt.

Die Künstler also, die Söhne der Musen, sie sind die Lieb-
linge der Götter. Daher ist die Selbstcharakteristik in unse-

rem Vierzeiler zugleich eine Charakteristik des Künstlers, genauer, des Dichters: Ihn zeichnet die gesteigerte Fähigkeit aus, Glück zu erleben und Leiden zu empfinden. Freilich haben wir damit bloß eine Voraussetzung des literarischen Künstlertums. Sie bedarf, um sich manifestieren zu können, noch einer anderen Fähigkeit, jener, von der Goethe seinen Tasso sprechen läßt: Wenn der Mensch in seiner Qual verstumme, sei es ihm gegeben zu sagen, wie er leide.

Begnadet und gesegnet mit allen Freuden, den unendlichen, und geschlagen und gequält mit allen Schmerzen, den unendlichen, wurde Goethe zum Sachwalter der Liebenden und der Verliebten. Oder auch: zum Dichter der Liebe.

Marcel Reich-Ranicki (1987)

Bibliographische Notizen

Die Gedichte ›An den Mond‹, ›Freudvoll und leidvoll‹, ›Abschied‹, ›Hatem‹ / ›Suleika‹, ›Vollmondnacht‹, ›Nicht mehr auf Seidenblatt‹ und ›Ihr verblühet, süße Rosen‹ sind zitiert nach der Ausgabe: Johann Wolfgang von Goethe: »Werke«. Hamburger Ausgabe in 14 Bänden. Herausgegeben von Erich Trunz. Verlag C. H. Beck, München 1982.

›Vor Gericht‹, ›Neugriechische Liebe-Skolie‹ sind enthalten in Band 1 von: Johann Wolfgang von Goethe: »Gedenkausgabe der Werke, Briefe und Gespräche in 24 Bänden«. Herausgegeben von Ernst Beutler. Artemis Verlag, Zürich o. J.

Alle übrigen Gedichte dieses Bandes sind zitiert nach der Ausgabe: »Goethes Gedichte in zeitlicher Folge«. Herausgegeben von Heinz Nicolai. Insel Verlag Frankfurt am Main 1982.

Die im vorliegenden Band enthaltenen Gedichte und Interpretationen sind den Bänden der »Frankfurter Anthologie« entnommen.

Alphabetisches Verzeichnis
der Überschriften und Gedichtanfänge

Verzeichnis der Interpreten

Karl Otto Conrady, geboren 1926 in Hamm/Westfalen, ist Professor für Neuere Deutsche Literaturwissenschaft an der Universität Köln. Er veröffentlichte unter anderem: »Lateinische Dichtungstradition und deutsche Lyrik des 17. Jahrhunderts« (1962), »Einführung in die Neuere deutsche Literaturwissenschaft« (1966), »Literatur und Germanistik als Herausforderung« (1974) und »Goethe, Leben und Werk« (1982/1985).

Peter Demetz, geboren 1922 in Prag. Er ist Professor für Germanistik und Vergleichende Literaturwissenschaft an der Yale University in New Haven (USA). Hauptwerke: »Rene Rilkes Prager Jahre« (1953), »Marx, Engels und die Dichter« (1959), »Formen des Realismus – Theodor Fontane« (1964), »Die süße Anarchie« (1970) und »Worte in Freiheit: Der italienische Futurismus und die deutsche literarische Avantgarde« (1990).

Hilde Domin, geboren 1912 in Köln, lebt in Heidelberg. Zu ihren Hauptwerken gehören die Gedichtsammlungen »Nur eine Rose als Stütze« (1959), »Rückkehr der Schiffe« (1962), »Hier« (1964), »Ich will dich« (1970) und die Prosabücher »Wozu Lyrik heute« (1968), »Das zweite Paradies« (1968, 86), »Von der Natur nicht vorgesehen. Autobiographisches« (1974), »Aber die Hoffnung. Autobiographisches aus und über Deutschland« (1982).

Walter Helmut Fritz, geboren 1929 in Karlsruhe, wo er auch heute lebt, ist Lyriker und Erzähler. Er veröffentlichte unter anderem die Bände »Gesammelte Gedichte« (1979), »Wunschtraum Alptraum« (1981), »Werkzeuge der Freiheit« (1983) und »Cornelias Traum und andere Aufzeichnungen« (1985).

Peter Härtling, geboren 1933 in Chemnitz, lebt in Walldorf bei Frankfurt am Main. Er veröffentlichte Romane, Gedichte und Kinderbücher, unter anderem: »Niembsch oder Der Stillstand« (1964), »Janek« (1966), »Eine

Frau« (1974), »Hölderlin« (1976), »Die dreifache Maria« (1982), »Das Windrad« (1983), »Waiblingers Augen« (1987), »Der Wanderer« (1988), »Die Gedichte 1953-1987« (1989) und »Herzwand« (1990).

Ulla Hahn, geboren 1946 im Sauerland, lebt als Schriftstellerin in Hamburg. Sie veröffentlichte die Gedichtbände »Herz über Kopf« (1981), »Spielende« (1983), »Freudenfeuer« (1985), »Unerhörte Nähe« (1988) sowie den Roman »Ein Mann im Haus« (1991).

Harald Hartung, geboren 1932 in Herne, lehrt an der TU Berlin Deutsche Sprache und Literatur. Er veröffentlichte die Darstellungen »Experimentelle Literatur und konkrete Poesie« (1975) und »Deutsche Lyrik seit 1965« (1985) sowie die Lyrikbände »Hase und Hegel« (1970), »Reichsbahngelände« (1974), »Das gewöhnliche Licht« (1976), »Augenzeit« (1978) und »Traum im Deutschen Museum« (1986).

Eckhard Heftrich, geboren 1928 in Stockach/Bodensee, ist Professor für Neuere Deutsche Literatur und Vergleichende Literaturwissenschaft an der Universität Münster. Er veröffentlichte unter anderem: »Nietzsches Philosophie« (1962), »Stefan George« (1968), »Novalis« (1969), »Zauberbergmusik. Über Thomas Mann – Bd. 1« (1975), »Lessings Aufklärung. Zu den theologisch-philosophischen Spätschriften« (1977), »Vom Verfall zur Apokalypse. Über Thomas Mann – Bd. 2« (1982) und »Musil« (1986).

Walter Hinck, geboren 1922 in Selsingen/Niedersachsen, ist Professor für Deutsche Literatur an der Universität Köln. Er veröffentlichte unter anderem: »Die Dramaturgie des späten Brecht« (1959), »Das deutsche Lustspiel des 17. und 18. Jahrhunderts und die italienische Komödie« (1965), »Das moderne Drama in Deutschland« (1973), »Goethe – Mann des Theaters« (1982), »Theater der Hoffnung« (1988) und »Die Wunde Deutschland. Heinrich Heines Dichtung« (1990).

Ernst Jandl, geboren 1925 in Wien, lebt dort. Er veröffentlichte unter anderem die Lyrikbände »Andere Augen« (1956), »Laut und Luise« (1966), »der künstliche baum« (1970), »dingfest« (1973), »die bearbeitung der mütze« (1978), »der gelbe hund« (1980), »selbstporträt des schachspielers als trinkende uhr« (1983), »Ottos Mops hopst« (1988) und »Idyllen«

(1989), das Theaterstück »Aus der Fremde« (1980) sowie die Poetikvorlesungen »Das Öffnen und Schließen des Mundes« (1985).

Walter Jens, geboren 1923 in Hamburg, ist Professor für Rhetorik an der Universität Tübingen. Er veröffentlichte Romane, Essays, Fernsehspiele und Theaterstücke, unter anderem: »Nein – Die Welt der Angeklagten« (1950), »Von deutscher Rede« (1966), »Republikanische Reden« (1976), »Eine deutsche Universität. 500 Jahre Tübinger Gelehrtenrepublik« (1977), »Ort der Handlung ist Deutschland« (1981), »Kanzel und Katheder« (1983) und »Juden und Christen in Deutschland« (1989).

Joachim Kaiser, geboren 1928 in Milken/Ostpreußen, ist Redakteur bei der »Süddeutschen Zeitung« und seit 1977 ordentlicher Professor an der Staatlichen Hochschule für Musik und Darstellende Kunst in Stuttgart. Hauptwerke: »Grillparzers dramatischer Stil« (1961), »Große Pianisten unserer Zeit« (1965), »Beethovens 32 Klaviersonaten und ihre Interpreten« (1975), »Erlebte Musik« (1977), »Mein Name ist Sarastro« (1984) und »Wie ich sie sah ... und wie sie waren. Zwölf kleine Porträts« (1985).

Werner Keller, geboren 1930 in Calmbach, ist Professor für Neuere Deutsche Literatur an der Universität Köln. Er veröffentlichte unter anderem: »Das Pathos in Schillers Jugendlyrik« (1964) und »Goethes dichterische Bildlichkeit« (1972).

Eckart Kleßmann, geboren 1933 in Lemgo/Lippe, lebt in Hamburg. Er veröffentlichte Bücher über den Prinzen Louis Ferdinand von Preußen (1972), Caroline Schlegel-Schelling (1975) und »Die deutsche Romantik« (1979). Zuletzt: »E. T. A. Hoffmann oder Die Tiefe zwischen Stern und Erde. Eine Biographie« (1988) sowie »Die Mendelssohns. Bilder aus einer deutschen Familie« (1990).

Wolfgang Koeppen, geboren 1906 in Greifswald, starb 1996 in München. Er veröffentlichte die Romane »Eine unglückliche Liebe« (1934), »Tauben im Gras« (1951), »Das Treibhaus« (1953) und »Der Tod in Rom« (1954), die Erzählung »Jugend« (1976), den Aufsatzband »Die elenden Skribenten« (1981) sowie Reisebücher, unter anderem »Nach Rußland und anderswohin« (1958).

Helmut Koopmann, geboren 1933 in Bochum, ist seit 1974 Professor für Neuere Deutsche Literaturwissenschaft an der Universität Augsburg. Er veröffentlichte unter anderem: »Das junge Deutschland« (1970), »Thomas Mann. Konstanten seines literarischen Werks« (1974), »Das Drama der Aufklärung« (1978), »Der klassisch-moderne Roman in Deutschland. Thomas Mann – Döblin – Broch« (1983) und »Schiller« (1988).

Wolfgang Leppmann, geboren 1922 in Berlin, ist seit 1960 Professor für Deutsche Literatur an der University of Oregon (USA). Hauptwerke: »Goethe und die Deutschen« (1962), »Pompeji, eine Stadt in Literatur und Leben« (1966), »J. J. Winckelmann« (1971), »Rilke – Leben und Werk« (1981) und »Gerhart Hauptmann« (1986).

Martin Lüdke, geboren 1943 in Apolda/Thüringen, lebt in Baden-Baden und Frankfurt am Main. Er ist Leiter der Literaturredaktion im Südwestfunk Baden-Baden. Er veröffentlichte unter anderem: »Anmerkungen zu einer ›Logik des Zerfalls‹. Adorno/Beckett« (1981) sowie »Für den Spiegel geschrieben. Eine kleine Literaturgeschichte« (1991).

Golo Mann, geboren 1909 in München, starb 1994 in Kilchberg bei Zürich. Er schrieb unter anderem: »Friedrich von Gentz – Geschichte eines europäischen Staatsmannes« (1946), »Deutsche Geschichte des 19. und 20. Jahrhunderts« (1958), »Geschichte und Geschichten« (1962), »Wallenstein« (1971), »Erinnerungen und Gedanken. Eine Jugend in Deutschland« (1986) und »Wir alle sind was wir gelesen« (1989).

Peter von Matt, geboren 1937 in Luzern, ist Professor für Neuere Deutsche Literatur an der Universität Zürich. Er veröffentlichte Bücher über Grillparzer (1965) und E. T. A. Hoffmann (1971) sowie die Untersuchungen »Literaturwissenschaft und Psychoanalyse« (1972), »... fertig ist das Angesicht« (1984) und »Liebesverrat« (1989).

Adolf Muschg, geboren 1934 in Zollikon bei Zürich, ist Professor für Germanistik an der Eidgenössischen Hochschule in Zürich. Er veröffentlichte die Romane »Im Sommer des Hasen« (1965), »Mitgespielt« (1969) und »Albissers Grund« (1974) sowie die Erzählungsbände »Fremdkörper« (1968), »Liebesgeschichten« (1972) und »Leib und Leben« (1982).

Christoph Perels, geboren 1938, ist seit 1983 Direktor des Freien Deutschen Hochstifts in Frankfurt am Main. Er veröffentlichte unter anderem: »Studien zur Aufnahme und Kritik der Rokokolyrik zwischen 1740 und 1760« (1974), »Lyrik verlegen in dunkler Zeit. Heinrich Ellermanns Blätter für die Dichtung 1934-1944« (1984).

Marcel Reich-Ranicki, geboren 1920 in Wloclawek an der Weichsel, leitete vom Dezember 1973 bis Dezember 1988 die Literatur-Redaktion der »Frankfurter Allgemeinen Zeitung«. Er veröffentlichte unter anderem: »Deutsche Literatur in West und Ost« (1963), »Lauter Verrisse« (1970), »Über Ruhestörer« (1973), »Nachprüfung« (1977), »Lauter Lobreden« (1985), »Thomas Mann und die Seinen« (1987), »Thomas Bernhard« (1990), »Max Frisch« (1991), »Ohne Rabatt. Über Literatur aus der DDR« (1991).

Renate Schostack, geboren 1938 in Pforzheim, ist seit 1969 Redakteurin der »Frankfurter Allgemeinen Zeitung«. Sie lebt jetzt in München und veröffentlichte den Roman »Zwei Arten zu lieben« (1977), die Erzählungen »Hände weg von meinem Regenbogen« (1979), den Prosaband »Heiratsversuche oder die Einschiffung nach Cythera« (1985) und den Roman »Niedere Gangarten« (1991).

Mathias Schreiber, geboren 1943 in Berlin, war von 1982 bis 1991 Feuilletonredakteur der »Frankfurter Allgemeinen Zeitung« und leitet jetzt das Kulturressort des »Spiegel«. Er veröffentlichte unter anderem die Gedichtbände »Maulschellenbaum« (1974) und »Gänseblume auf der Nord-Süd-Fahrt« (1984) sowie den Band »Kunst zwischen Askese und Exhibitionismus« (1974).

Gerhard Schulz, geboren 1928 in Löbau/Sachsen, ist Professor für Deutsche Sprache und Literatur an der University of Melbourne. Er veröffentlichte unter anderem: »Novalis« (1969), »Arno Holz« (1974), »Die deutsche Literatur zwischen Französischer Revolution und Restauration« (1983).

Hilde Spiel, geboren 1911 in Wien, wo sie 1990 starb. Sie war von 1963 bis 1984 Wiener Kulturkorrespondentin der »Frankfurter Allgemeinen Zeitung«. Hauptwerke »Fanny Arnstein oder Die Emanzipation« (1962),

»Glanz und Untergang. Wien 1866 bis 1938« (1987), »Die hellen und die finsteren Zeiten« (1989), »Welche Welt ist meine Welt« (1990) und »Die Dämonie der Gemütlichkeit« (1991).

Gert Ueding, geboren 1942 in Bunzlau, ist Professor für Allgemeine Rhetorik an der Universität Tübingen. Er veröffentlichte unter anderem »Schillers Rhetorik« (1971), »Glanzvolles Elend« (1973), »Wilhelm Busch« (1977), »Die deutsche Literatur zwischen Französischer Revolution und Restauration« (1983) und »Die anderen Klassiker« (1986).

Siegfried Unseld, geboren 1924 in Ulm, ist Verleger (Suhrkamp und Insel) in Frankfurt am Main. Er schrieb unter anderem die Bücher: »Begegnungen mit Hermann Hesse« (1975), »Peter Suhrkamp. Zur Biographie eines Verlegers« (1975), »Der Marienbader Korb« (1976), »Das Tagebuch Goethes und Rilkes ›Sieben Gedichte‹« (1978), »Der Autor und sein Verleger« (1978), »Hermann Hesse – Werk und Wirkungsgeschichte« (1973/1985), »Goethe und seine Verleger« (1991).

Benno von Wiese, geboren 1903 in Frankfurt am Main, starb 1987 in München. Er lehrte Deutsche Literatur an der Universität Bonn. Er veröffentlichte unter anderem: »Der Mensch in der Dichtung« (1958), »Friedrich Schiller« (1959), »Zwischen Utopie und Wirklichkeit« (1963) und »Literatur für Leser« (1971) sowie die Autobiographie »Ich erzähl mein Leben« (1982).

Gabriele Wohmann, geboren 1932 in Darmstadt, wo sie auch heute lebt. Sie veröffentlichte vor allem Romane und Erzählungen, unter anderem: »Sieg über die Dämmerung« (1960), »Abschied für länger« (1965), »Ernste Absicht« (1970), »Paulinchen war allein zu Haus« (1974), »Paarlauf« (1979) und »Der Irrgast« (1985).

Inhalt

Anhang